Moon Sign Astrology

月星座

占星術講座

月で知るあなたの心と体の
未来と夢の成就法

松村潔

技術評論社

Contents 目次

Chapter1

月とは何か

Chapter2

月のハウスから知る

Chapter3

Contents　目次

Chapter I

月とは何か

占星術と天動説

本来の占星術では、太陽から冥王星までの10個の天体（地球は入りません）を活用します。10個あわせてひとりの人間です。ということは、テレビや雑誌などで扱われている星占いは、この10個の天体のうちの太陽だけを取り上げていますから、その人の性格の10分の1だけを説明していることになります。たとえば山羊座の太陽の人が「現実的で仕事で成功する性格」と言われても、太陽以外の10分の9の惑星からは「違いますよ」と言われているのと同じです。

テレビや雑誌で、この10個の天体全部を使うことができないのは、天体の位置の計算が複雑なので、正確にやろうとすると、どうしてもパソコンが必要になってくるからです。しかし、太陽だけなら、月日のみでだいたいの位置が特定できるので、複雑な計算が不要です。そのため、テレビや雑誌のお遊び企画として「星占い」なるものを簡単につくることができるわけです。でも、インターネット時代の今は、天体計算などを自動的にしてくれるシステムがネット上にあります。これを利用して、本来の占星術を活用しない手はありません。

占星術では、昔は7つの天体を使いましたが、その後、天王星、海王星、冥王星が発見されたので、合計で10個になりました。しかしながら、この10個の天体はすべて同列に並ぶものではありません。月は衛星であり、地球の周りを回っています。また、惑星はみな太陽の周りを回っています。その結果として3つの次元が成り立ちます。太陽の次元と、惑星の次元と、月の次元です。でも、実際の占星術では、その違いを区別せずに活用していますが、そんなふうにすべて同次元に並べて考えてしまうと、それぞれの天体の役割を誤解することになります。実際にプロの人でも混同していることは多いと思います。

従来の占星術は、地球が回っているのに、あたかも太陽のほうが回っているかのように見える天動説的な視点で作られています。これは占星術のシステムが作られた古い時代にはまだ地動説が認められていなかったからというわけではありません。実は、わたしたちが考えているよりずっと古い時代から地動説は存在していました。

では、なぜ今でも占星術では天動説めいたシステムが使われているのでしょうか。占星術は、個人の視点から見えるものを考えるからです。わたしの仕事、わたしの生活、わたしの満足。そういったものを考えるには、宇宙の中心は自分であるというように見るしかありません。多くの人が自分自身の世界に閉じ込められて、真の外部を見ていません。占星術が見せる世界とはこの閉じた視点に立脚したものです。

太陽系を少し離れたところから観察したなら、太陽の周りを惑星が規則的に回転しているのが見えることでしょう。しかし、ひとたび、わたしたちが住んでいる場所、地球の地表から見てみると、他の惑星は規則的に回転しておらず、ときどき、方向を変えて逆向きに動くようにも見えます。そのため、地球から見る惑星の移動の軌跡は複雑な模様のようです。これは地球の公転軌道上の位置と他の惑星の位置との関係から、惑星が見かけ上逆向きに移動しているように見える時期があるからです。これを逆行と言います。

これを象徴的に表す図形がレミニスカート（Lemniscate　レムニスケートとも言います）です。ふたつの円を結びつけた、無限マークのような図形で、右回転しているものが、途中から左回転になります。レミニスカートのひとつの円を、もうひとつの円の中に織り込んでしまったりなど、いろいろと変形をさせると、これは人間の骨格の構造にも類似したパターンが描かれます。人体の骨格はレミニスカート型に作られているのです。

惑星の動きが順行から、逆行に切り替わると、目の前にある現実の動きに合わせなくなり、内面に引きこもり、妄想や思い込み、勘違いなどが発生する時期になります。たとえば小説家は想像をめぐらして文章を書いていきますが、これも逆行性の知性です。世の中の多くの誤解による事件、行き違い、事情がわからなかった結果の不幸な出来事なども、この逆行のせいだと考えられています。

太陽系を外から見たときには、この逆行など存在しないのに、地球の地表に降り立つと、あたかも逆行が現実であるかのように見える。本来の占星術は、こうした人間の意識の妄

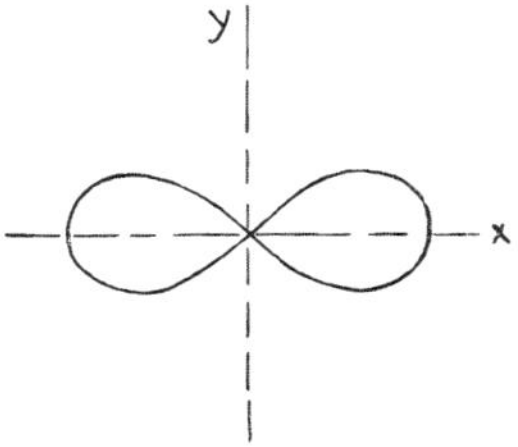

▲レミニスカート

想的な働きや、外に出たり、内面に引きこもったりするような作用をうまく説明しているとも言えます。

一番下の次元の月は謎だらけ

占星術で使われている天体は、太陽、惑星、月という三つの次元に分かれていますが、占星術での太陽は太陽系の中心にある太陽というよりは、そこに地球の公転が投影されているという点で、わたしは「太陽を偽装した地球」という言い方をしています。これはそもそも、天体の1回転をその働きの一生とみなす考えがあるからです。1年で回り終える太陽など、ありえません。太陽は太陽系の中で唯一、無の不動の点です。真実の太陽はサインの性質なども持たないのです。そのように、占星術で使われている太陽は、太陽でなく地球であるということを踏まえた上で占星術を考えると、さまざまな誤解が解けていくはずです。

太陽、惑星、月という三つの次元のうち、一番下の次元の月は、なかなか扱いが難しいです。わたしにとってはこれがいつまでも謎のままです。それは月が惑星とは違う次元に足を突っ込んでいるからです。たとえば心理占星術というものがあり、これは占星術の作用を心理的に捉えるというものですが、月というものはこの心理占星術では扱いきれません。心理とは人の心の動きということだと思いますが、月とは、この人の心から逸脱した、意識や心としては眠り込んだ、半分物質化しつつあるような領域だからです。ヒナになりかかった卵を食べるのは日本人には無理ですが、香港や台湾では日常的に食されていいます。なんとなく、月はこのヒナになりかかった卵のような中間状態、中途半端なところがあります。

惑星はそれぞれ地球よりもかなり遠いところにありますが、月は地球の周りだけをぐるぐると回っています。地球の周りを回るというのは、地球に依存しており、地球がなければ自分は存在できなくなるということです。

一方で、惑星は太陽の周りを回っているので、太陽に依存しており、太陽がなくなると存在できません。惑星は太陽によって生かされています。しかし、月は地球によって生かされていると思っており、太陽などは関係ないと思っています。

深海魚は水を認識しないと言われています。もし深海魚を水から出してしまうと、深海魚はそのとき初めて水というものがあったことに気づくでしょう。でも、一生水の中で生きているのならば、深海魚は水があることを知らないことになるのです。これに似て、月は地球の周りをずっと回っていて、太陽があることなど知らないのです。

そして、すきさえあれば、地球との間合いを詰めようとしています。よく太陽系は原子にたとえられました。いまは原子はもっと曖昧なもののため、太陽系に似ているとは思われなくなっていますが、物理学の古典的なモデルでは、構造は似ているのではないかと考えられていました。

原子は真ん中に原子核があり、周囲に電子雲があります。原子核は男性的なもの、つまり陽のもので、電子雲は女性的なもの、つまり陰のもので、原子核は常に外に広がろうとし、一方の電子は外から締め付けようとしています。この均衡で原子そのものは電気的に安定したものとなっています。まるで男女関係のようなもので、外から見ると、カップルとしては安定していますが、ひとりひとりを見ると、男性は外に出たがり、女性はその男性を束縛しようとしています。このとき、男性の都合、女性の都合のどちらかを重視しすぎると、関係はうまくいきません。どちらかが犠牲になってしまうからです。とはいえ、黙って我慢してつきあっていても、いつかは爆発してしまいます。

このたとえのように、地球は男性で、月は女性的なもの。なおかつ占星術では地球を太陽とみなすので、太陽は男性的、月は女性的というふうに当てはめていくのです。

地球は他の惑星のことを考えます。それは社会生活のようなものです。社会とは複数の人(ここでは惑星)が集団化して作るものだからです。ところが、月は地球しか見ていない。ほかに惑星があることを忘れているというより、視野がそこまで広がらないのです。地球

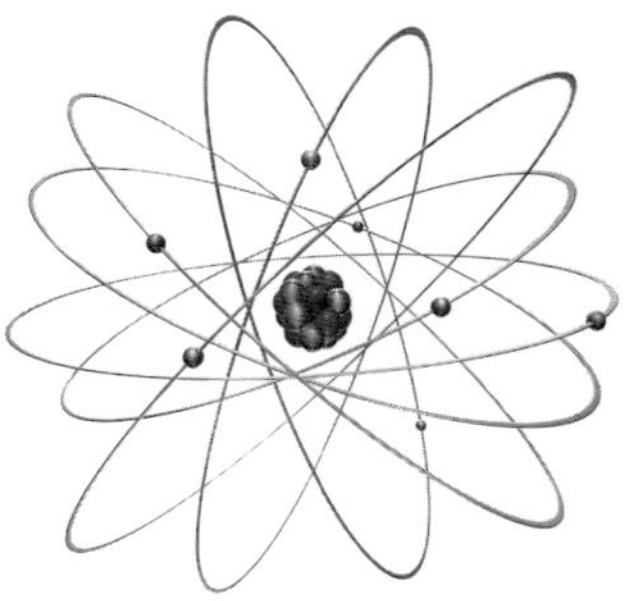

▲原子の古典的なモデル

が他の惑星と共同で何かをしようとしているとき、月はそれが理解できないどころか、自分が理解できないことを地球が続けていると思い、しまいに怒り始めます。

このように月の位置は惑星と同列で考えると、その性質を理解できないものになってきます。月を考えるのは、なかなか難しいのです。

7つの月

さらに月には特殊な条件が加わります。月は、宇宙法則の連鎖ということを考えたときに、その宇宙法則を曲げてしまうような位置づけにあります。

古い時代の宇宙法則の考え方では、ひとつの光が7つに分かれるプリズムのように、太陽が7つの惑星に分かれてゆき、その惑星のひとつひとつに、さらに7つの月が連なるとされています。1は7になり、またそのうちのひとつがさらに7になり、さらにまた、そのうちのひとつが7になるというのが、宇宙法則の基本的なスタイルなのです。

土星の周りには64個も月があるので、この中から7つを自由に選ぶことができます。それなのに、地球の周りには、月がひとつしかありません。その結果として、地球上に宇宙法則がスムーズに反映されず、破綻が生じて、これが地球に住むときの大きな負担やひずみを作り出していると考えることができます。

たとえば、目の前にあるライトに対して「消えろ」と言ってもライトの明かりは消えませんし、同様に消えているライトに「つけ」と言っても明かりはつきません。そんなふうに、人間の意識は、目の前にあるものに対してダイレクトに働きかけることができません。つまり、外側と人間は切り離されていて、こうした現象は、地球上において宇宙的な法則がそのまま物質にまで正確に反映されていないことの現れです。しかし、だれもがこれが普通だと思っているので、その異常さには気がつかないのです。

人間の意志がそのまま環境に受け取られないというのは、たとえば、どんなに努力しても人生が思うようにならないとか、あるいは意思疎通がうまくいかないとか、人間の意識とは無関係な偶然性が人生の中に介入してくるなど、さまざまな現象を作り出してゆきます。この点で、地球は流刑地や収容所のようなもので、人間はこの流刑地のような地球に閉じ込められて一生苦しむのだというイメージで語る人々もいます。あながちそれは間違いとも言えません。この特殊な環境の地球に生まれてくる人たちは、要するにマニアなのです。ゲームは難易度が高いほうが燃えます。

月が7つでなく、ひとつしかないために、地球には宇宙法則が正確には届いていないという現状を考えると、この月の扱いについては特別な配慮が必要です。後天的に7つの月があるかのような状況を作ってゆくのが理想的ですが、そこまで行くのはとうてい無理なことです。

月を人間の感情という面で考えてみると、月は最も低い次元にあるたぐいのもので、それは他者を理解せずに自分の気持ちの中に没入することや、否定的になること、自分だけが不当な扱いを受けているという疎外感、執着心などを表しています。

多くの場合、月は暗い情念を象徴します。そのために月の作用は社会生活をする上では足を引っ張る作用になります。しかしひとたび個人生活という面に転じてみると、個人のパーソナリティを保護し、維持する上ではむしろ強い力を持っている保護膜、つまり地球の周りを取り囲む柵のようなものと考えてもよいのです。

とはいえ、やはり月の影響が強すぎる人というのは、社会の中で活動することができなくなってゆきますから、どうしてもほかの人と対等に関われないコンプレックスを持っているような人、あるいは常に不満を持っている人というパターンになりやすいでしょう。

うつ病になる原因のひとつとして、自分は他の人と同列に並べないという思い込みがあります。自分だけが無能に見える。こういうときに、その人は暗い穴に落ちこんだ気分になります。月の穴に落ちたのです。

外に吐き出すこと

月を扱うときに心がけるべきことがあります。月は感情としては一番低いところにありますが、反対にこれを自分の内面的なものとして同一化せず、外面的なところに吐き出してしまうのです。つまり、外部に対象化したものとして、自分の体内から外に吐き出したかのような扱いをすると、月の性質というのは、物質の頂点にある非常に微細で振動の高い成分、つまり目に見えないけれども物質を動かしている気のレベル、そうしたものであることがわかってきます。

これを理解するには、アリストテレス（前384～前322年）の時代の世界観を知る必要があります。アリストテレスは、存在の階段を、神、天使、人、動物、植物、金属鉱物というふうに並べました。これは振動の高いものから低いものまでの順番です。そして振動が高いものは物質的に密度が低く、振動が低いものは物質的に密度が高いのです。この振動密度の順番で考えると、太陽、惑星、月、物質というふうに並べることができます。

月は人間の精神・感情活動を象徴する惑星よりも下にあり、一方で物質よりは上にあります。そのため、内面的なところでは月は最悪の低いものを表し、しかし外に吐き出して、物質として見ようとすると、非常に高度で、目に見ることができないレベルになります。

ただし月はひとつしかなく、その月は地球の周りにまとわりついていることは、わたしたちは自分の感情に身体がすぐに反応することに相当します。恥ずかしいと赤くなる。リラックスすると心臓の鼓動が安定する。歩きたいと思うと足が動く。そんなふうに気持ちや感情、意志は身体を動かすことができるけど、外にあるライトは連動してくれない。月は外には連動しておらず、わたしたちの身体だけに結びついています。

人間が月を内面的なものとして自分の内側に取り込むと、月は重く否定的な感情を作り出し、その人は確実に怠け者になり、いつも感情にひきずられ、ものごとを素直に見ることさえできなくなります。ところが、月を外に吐き出して対象化されたものとしてみなしたときには、それは非常に高度で柔軟な気のエネルギーとなり（神智学ではこれをエーテル体といいます）、直接見ることができるようになります。これは月に対して、「これはわたしではない」と宣言するようなものです。自分自身と同一化しているものをわたしたちは見ることができませんが、同一化していないものは対象化され、観察できるからです。

月と健康の関係

月は感情の一番低い部分と、物質の一番高い部分とをつなぐつなぎ材として、精神が身体に働きかける媒体になります。犬を撫でるとオキシトシン（ストレスを緩和するホルモンで〝幸せホルモン〟とも呼ばれる）が出るという研究成果がありましたが、犬を撫でて楽しい、和やかだといった気分がオキシトシンを分泌するように、気分が身体に働きかける物質を生産します。こうしたものが月の作用だと考えてもよいでしょう。

月はとりわけ内分泌腺やホルモン様物質、あるいは体液に働きかける作用、あるいは身体の周囲数センチのところにあるエーテル体と呼ばれるもの、つまり気の膜などに関係していると考えられています。ちょうど地球の周りを月が取り巻いているように、身体の周りに月の膜があると考えるとよいでしょう。月を上手に活用することは、健康や美容に役立ったり、それから私生活を楽しくさせたりということに大きく影響するし、反対に月の部分でストレスが強いと、急速に病気になったり、生活全体が不調になったりします。

カバラの世界では宇宙法則を生命の樹として表現していますが、月というのは腰の位置にあるイエソドという場所に該当しています。それは先ほど説明したように、エーテル体と言ってもかまいません。また中国の道教などでいう魂魄《こんぱく》の「魄《はく》」はエーテル体のことで、つまり魂を包み込んでいる濃密な気の部分が「魄」に該当します。人間が死んだとき、しばらくの間はこの「魄」の部分が残り、それがやがて分解してゆき、魂として自由になってゆきます。「魄」の部分というのは身体と共にあり、身体と魂を結びつけている第二のボディである、と考えてもよいわけです。

たとえば幽霊に出会うということを考えてみると、実際にはそうした例はとても少ないと思うのですが、人間は死んだときに魂魄の「魄」、つまりエーテル体としての月の成分

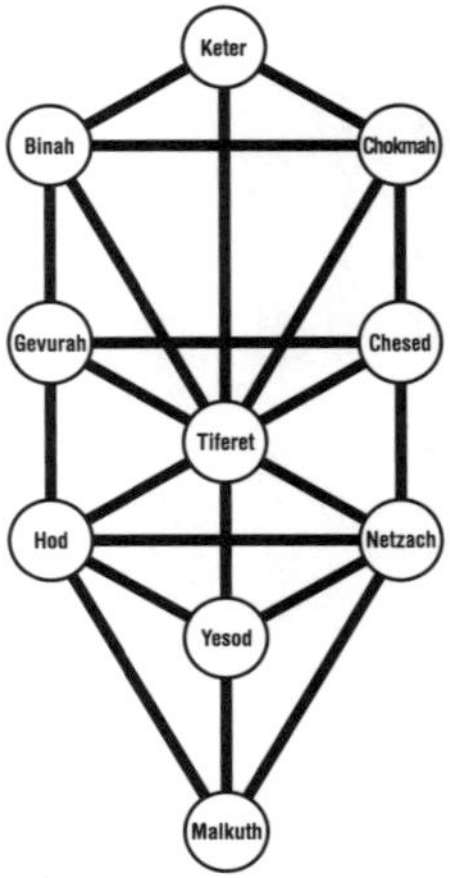

▲カバラの生命の樹

が肉体から離れてゆき、その次に魂が「魄」の部分から離れてゆき、そして魂の奥にある自我あるいは霊というものが分離してゆきます。ところが、この魄の部分が、身体の寿命が終わっても少しだけ残っている場合があるということです。

　余談かもしれませんが、この月の成分は死後に離れるのが自然ですが、特殊なケースとして、何らかの方法を用いて離れないようにし、多くの人には目で見ることはできないが、今の肉体より軽い肉体として継続させる、つまり、より長生きする生命体としてこのエーテル体を肉体にするという生存形態があると想定されます。これを仏教では「応身《おうじん》」と呼んでいます。チベットの修行法などでは、この月の身体を作るというのはかなりメジャーなものではないでしょうか。たとえば達磨《だるま》大師《だいし》の壁に向かって9年瞑想したという話でも、その間、達磨大師は分身を作っていたのだと言われています。

　幽界という言葉がありますが、幽界のことを動物の魂が住んでいるとても低い世界だとして忌み嫌う人がいます。しかし実際のところ、わたしたちはそれよりも低い物質の肉体を持っているわけです。ですから、もしも幽界に身体を持っているのなら、それは今のわたしたちよりもはるかに進化した存在だと考えられます。というのも幽界に住んでいるということは、身体の部分は幽界にあって、さらにその上に魂があり、さらにその上の次元に感情や思考、魂、霊があり、自我があるという形になるので、人間よりも全体的に底上げした存在であるということです。こうしたものは、浅野和三郎（大正から昭和初期に活躍した心霊研究家）式では、「神界の存在の身体」というふうに表現されています。

幽霊とは、中身の魂や霊はすでにどこかよそにいて、いわば脱ぎ捨てたパジャマのように残っているエーテル物質のことであり、それは虚の存在であるので重視する必要はあまりありません。そこに本質があるとは言えないからです。

たとえば、死後のベートーヴェンに会い、そしてベートーヴェンの作曲を代筆したと言っている心霊的な人がいますが、その曲にはベートーヴェン風な雰囲気があるだけで、ベートーヴェンの創造意志や創作力はまったく発揮されていません。これは言ってみれば、ベートーヴェンの本質はずっとどこか違うところにいて、すでに中身がない、ベートーヴェンが脱ぎ捨てた、まだ体温の残っているパジャマと交信していたと考えることができます。カバラの世界ではこうした月の身体は、「死んではいるがあたかも生きているように動く」という表現がされています。

〝わたしの不在〟ということ

自分は今こう思っている、こう考えている、ということを同時的に観察してゆくことを「自己想起」と言います。たとえば駅まで10分かけて歩いて行く間、自分を意識している時間はどのくらいあるでしょうか。たいていは何かもの思いに耽っているはずで、その時間はいわば〝わたしが不在〟の時間です。人はいろんなものになりかわって、その間は自分がいないのです。そして月の作用に同一化しているときには、低い感情として働き、自分の想念、考えること、思うことすべてにその色をかぶせていきます。そうするとさらに自分を思い出すことが難しくなります。たとえば、自分に悪い癖がある場合、この悪い癖を意識できると、それを食い止めることができますが、自分が不在なときには、悪い癖は自動的に働くのでその人は変わることができません。

月は惑星と物質の間のつなぎです。たとえばある感情をずっと繰り返していると、それはどんどん濃密になり、硬くなります。人間の意識は常に刺激を求めるので、この繰りかえしに耐えきれなくなり、ある段階でこの繰り返し行為から離脱しようとします。たとえぱ恨みがあるときに、それをいつまでもこねていると、恨みの感情はますます濃くなりますが、やがて精神や意識が壊れそうになり、ある日それを放棄しようとします。人の意識が恨みから離れると、それは外化され、濃くなったものはぼんやりとした薄暗い光の塊のようになります。形骸化すると、それはやがて物質に向かいます。

つまり、もし人間がずっとその恨みなり情念なりを抱き続けると、その人は人でなくなり、やがて岩になると考えてみるといいでしょう。物質の中に埋もれ、そこから出ることができなくなります。

ある日その濃い情念を放り投げる。そしてそれを対象化して見る。これも自己想起です。

対象化したときにそれは見えてきます。同一化しているときには、この情念と一体化して、我を忘れています。これが月に食われた状態です。月は物質ではありませんが、物質に至る暗い回廊、物質になる手前の暗い光のようなものです。

レミニスカートと精神と物質

その昔、精神と物質というのは対立しているように思われていました。厳密に考えるとこれは間違いです。つまりは中間媒体を想定せずに考えてしまうことで、対立していないものも対立したものに見えてきてしまうのです。実は精神と物質の境界線を表す「振動レベル」は、人によって微妙に違います。わたしはもう30年以上、そのことばかりが気にかかっていました。科学には、精神と物質を明確な領域で分離する考えもあれば、その境界は変化するという思想も、またそもそも精神と物質の違いは存在しないという考えもあります。

すでに紹介したレミニスカートは、精神と物質のふたつを結びつけた図でもあります。内側にあるものが回転しているうちにいつの間にか外側を回り、右回りのものが気がつくと左回りになっている、そんな交換が起きます。これは惑星の逆行のときに説明したレミニスカートの話とは意味合いが異なりますので、混同しないように注意してください。

たとえば、これはいつでも不思議に思うのですが、食べ物を食べるときには、目の前に物体として存在する食べ物があります。ところが、口の中に入れるとそれは体内に入ってゆき、わたしたちの気力や気持ちなどに関係するようになり、つまり食べることで元気になったりして、そうした内側の仲間に変わってゆくのです。そして、食べ物を外面的に見ることはもうできません。このように口の部分で入れ替わってしまうという状況も、喉のところにレミニスカートがあるというふうに説明できるでしょう。実際のところ、人間の体としては、首のところが細くなっていて、そこで何かが入れ替わっていきます。レミニスカートの交点、つまり十字に見える場所ですが、そういう交点が首のところにあるような印象だと考えてもよいと思います。

精神と物質の境界線は人によって違うというのは、月を精神の側に置く人と、物質の側に置く人との違いとも言えるでしょう。自己想起によって、次々と月の眠りから自分を分離させる人は、やはり月を外化（対象化）する人です。オーラが見える人と見えない人がいますが、地球を取り巻く月のように、オーラを人体を取り巻く磁気膜と見たときに、月と同化している人は対象化できないので見ることができません。一方で、月をレミニスカートの敷居の外に追い出した人は、オーラを対象化するので、ちょっと練習しただけで見ることができるということになります。

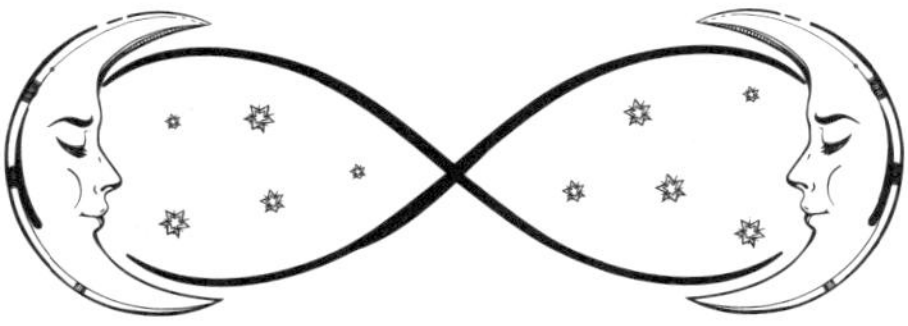

自分の中に犬を飼う

物質というのは眠りに関係しています。

振動密度が高いと物質的に薄く、振動密度が低いと物質的に濃密だというアリストテレスの考えの通り、振動密度の高い人間の意識の働きが抜けたもの、つまり抜け殻が物質なのです。いわば物質は残像で、意識に比較するとゆっくりと消えてゆきます。物質は重いので、一緒にいると精神活動ができません。重すぎる車体は、弱いエンジンでは動かすことができないのと同じです。自分の活動のために物質を早めに切り離す人もいれば、ぎりぎりまで我慢して切り離す人、さまざまです。

アリストテレス的な振動論では、振動密度が低くなり、物質密度が高いものができあがっていくのは、何度も分離が繰り返される結果です。ひとつのものが多数に分かれ、それがさらに多数に分かれていくのです。この分離のプロセスは細胞分裂のようなものです。ひとつのものがふたつに分かれ、そして、この分かれたものは元のわたしではないというふうに、意識がもうひとつのものを拒絶するのです。わたしの中で感じるものではなく、外に見えるものとなり、これはわたしではないと思うのです。円がレミニスカートになったのです。神は天使を切り離したので天使ができた。天使は人を切り離したので人ができた。人は動物を切り離したので動物ができた、という具合です。

アリストテレス的な存在の階段において、人間よりも眠りの深いものは、動物、植物、鉱物です。とりわけ特に死んだもの、身動きがとれなくなったものは鉱物です。植物や動物は生きて動き、変化してゆきます。それに対して鉱物というのは、なかなか変化せず、固定された状態にいます。それゆえに一番眠りが深いものと考えてもよいでしょう。物質の中で最も硬くて変化をしないものが鉱物で、そしてわたしたちは鉱物の力を少しだけ借りて、すなわち身体に微量に取り込むことで肉体的な安定性を手に入れています。わたしたちの体は一瞬で変化したりはしません。ある程度ゆっくりとした時間をかけて変化をするものであるし、短時間ではそれほど大きく変化をしません。このようなことができるのは、鉱物の力を借りて初めて可能だったのだと考えることができます。

鉱物の比率が減って植物素材が優勢になれば、わたしたちは毎年成長する農作物のように1年くらいで変化してしまう存在になってしまうでしょう。

物質には、浅い眠りから深い眠りまで、つまり生きたものから死んだように見えるものまでのさまざまなグラデーションがあり、さまざまな段階があると思うのですが、こうした物質に向かう初めの眠りというのは、月が作り出していると考えてみてもよいでしょう。月は物質への入り口で、まだまだ浅い眠り、なんとなくボーッとしている生き物のようなものです。そしてさらに深く眠ると、わたしたちはどんどん物質の世界に占有されます。老いて疲れ、最後はお墓の中で朽ち果てていきます。

ルドルフ・シュタイナーは創造的なことをしているときだけ、人は人間になると言いました が、それ以外の時間のわたしたちは人間ではなく哺乳動物です。そして哺乳動物であるとき、ボーッとして無意識で、月と深く関わり、月を内的な仲間として扱い、無気力になり、不満を持ち、自分のことしか考えなくなります。それでも月は絶対に必要なものです。何度も言うように、それは物質とのつなぎ材であり、自分と同化するのでなく、吐き出すことで、むしろ正常な働きをします。ヨガのチャクラを惑星対応させた図表がありますが、ある図では月は腰に対応しています。一方で、ある流派のものでは月は頭のクラウンチャクラに対応しています。

これはすでに説明したように、月を吐き出したとき、物質の頂点として頭になるのですが、精神のチャクラとしては一番下に配置するのです。言いかえれば、物質的身体のチャクラとしては頭に、エーテル体チャクラとしては腰になるのです。

月を対象化するには、月に飲まれているのでなく、月を見ている必要があります。わたしはこれを自分の中に犬が住んでいるのでなく、犬を飼うのだと言います。生まれたときに月がどこにあるかを、占星術で見てみることも参考になります。自動的に繰り返して、まったく本人が気がついていないものを知ることになるからです。

月は人の性格や人格を表す

意識は誰でも同じで、そこに個別差などありません。もし個別差があれば、それは偏り以外のなにものでもないので、意識の力が足りないこと、認識力の不足になるでしょう。しかし、おびただしい数の人がいて、みなそれぞれ性格も考え方も違います。これは意識は普遍的であるが、物質的な肉体のほうは特定の場所と時間にしか生きられない、限定された「いま・ここ」にしかないものであることに起因します。人間はこの物質的な肉体と意識の中途半端な関係である中間状態として、性格や人格を持ってしまうのです。

意識が限られた物質的な肉体に関わることから、人に個別性が生まれます。前著『月星座占星術入門』で、わたしは太陽が人の性格を表すことはなく、人のキャラクタは月が示すと説明しました。月は意識が眠ってロボット化すること、眠りながら歩くことであり、その人の物質的な肉体につながって意識がだんだん力を失う場所という意味において、月は人格を表すのです。だれも、自分には限定性が強すぎるということを考えて行動などしていません。自分は意識であり、全体的であると思っています。それなのに、何をしても極端に狭いこと、限定的なことしかできないのです。

死ぬときに、人はこの限定性から解放されます。死後、肉体からエーテル体が離れ、次にアストラル体がエーテル体を脱ぎ捨て、自我がアストラル体を脱ぎ捨てます。そのつど、意識すなわち自我は、解放され、限定されないものになり、普遍的になるのです。

生きている間、月がわたしたちを締めつけているので、わたしたちは肉体を持ち、エゴを持ち、独自の思考など何一つないのに、自分だけがここでこのように考えているという錯覚をします。

この死の一番最初の段階で、肉体とエーテル体が分離する。つまり物質から月の表す気の身体が離れていく。するとあっという間に肉体は分解します。肉体は月の力が維持しており、いわば磁力でさまざまな部品を引き寄せ、結合させていたのです。

肉体は極端に狭い。月はその次に狭い。一方で、アストラル体、つまり全惑星的な要素と、メンタル体や自我、つまり太陽系の中心の太陽は、太陽系の中で無色透明なものですが、それらはまったく限定されていないということです。

肉体ほど硬直してはいないが、半分眠り、自由にならない、色のついたキャラクタを持つものが月です。それをわたしたちは自分ではあまりよく自覚していないのです。

東日本大震災の後の霊たち

わたしは2015年にマニラに旅行しましたが、マニラに到着する前日に、1年前までスカイプで英語を習っていたフィリピン人教師が自殺したことを知らされました。そして数日間、毎晩、この自殺した直後の、まだ体温も残っているかのような彼女の心霊体のようなものと対峙していました。彼女はわたしにしてほしいことがあり、しかしわたしがそれを拒んだので、彼女はなかなか去らず、いずれにしても、目の前にじっと立っている心霊体を見るのは脅威でした。彼女の亡骸はずっとモルグ（死体保管所）に置かれたままだったようです。それは家族にお金がなくて引き取りに行けなかったのです。これは魂魄の魄の部分がまだ分離できていない段階なので、物質に近い非物質成分がやってきたのです。しかしまだその中に実体もあり、脱ぎ捨てたパジャマではありません。抜け殻と違うのは、そこで対話が成立するということです。

わたしがずっと気にかかっているのは、東日本大震災です。わたしがマニラで遭遇したようなものと似た心霊体遭遇体験を、震災後の被災地では多くのタクシードライバーが体験しているといいます。『呼び覚まされる霊性の震災学』（金菱清［ゼミナール］編・東北学院大学震災の記録プロジェクト、新曜社）によると、震災後1年を過ぎてもなお、石巻の複数のタクシードライバーは、季節はずれの衣服を着た若い人をタクシーに乗せたところ、彼らは途中で消えてしまうという体験をします。タクシーの中で、「自分はもう死んでしまったんでしょうか」とか、「彼女は元気だろうか？」とか会話し、中には箱を後部座席に残して消えたという話もあります。小さな子どもをタクシーに乗せ、到着したのでドアを開けてその子の手を取った。その直後にふっと消えてしまった。その手の感触がはっきり残っているという話もあります。

著者の一人である学生がタクシードライバーを取材しているときに「幽霊」という言葉を使うと、何人かは「そんな軽い言い方をするな」と怒り出したと言います。彼らはこの遭遇を真剣に受け止め、死ぬまで大事に抱えていたいと感じていたようです。

わたしがマニラで体験したときには、眠ろうとするとベッドが激しく揺れ、右手首に鳥がくちばしで噛んだような激しい痛みがあり、それは気のせいというには、あまりにも生々しいものでした。これは精神と物質の間にある、濃い気、エーテル体のなせるものと言うしかないのではないかと思います。エーテル体が物質に降りてきたというよりは、わたしがエーテル体の側に寄ったのです。

日常、わたしたちがこのような心霊体験をしないのは、ある時代から物質体とエーテル体がぴったりと張りつくようになったという経緯があるからです。このように語ったのはシュタイナーです。馬だけはまだエーテル体の頭と肉体の頭は少しばかり遊離しているそうです。

物質体は鉱物を借りており、エーテル体は植物の性質を借りていると言いますが、この組み合わせは、地面から植物が生えている光景に似ています。大地は肉体。そして植物はエーテル体です。東日本大震災では、大地の安定性が崩されました。そのときに、エーテル体と物質が剥離した現象が起きたと考えてもいいでしょう。

この東日本大震災での出来事は集団的異変です。特定の個人だけが体験したものではありません。この中で、複数の人たちは、肉体とエーテル体が離れたのに、いきなりの死を迎えることでとまどい、地上に対する執着心がなかなか解消されず、この情念がエーテル体を維持させる直接の動機を作り出したのでしょう。前回も似たような現象があったことが、柳田國男の『遠野物語』から知ることができます。

天王星とエーテル体

ところで、大地などの物質の硬い輪郭は、占星術では土星が象徴しています。土星は皮膚、骨などを表しています。太陽系の形として、土星よりも外側に天王星があります。これは肉体よりも外側（土星の外側）にあるものという意味で、ある研究家はエーテル体を表すと説明しています。もちろん、惑星のグループの中で土星が肉体、天王星がエーテル体、海王星がアストラル体と分類されたとしても、より具体的な範囲では、肉体、月の身体、惑星が示す精神というふうに置き換えられます。

少し整理しておかないと混乱するかもしれません。古典的な占星術では、太陽系の外殻は土星だと思われていました。そこで土星の軌道の場所が、いわば太陽系の身体の皮膚面と考えられます。すると、その後発見された天王星はこの見える肉体の外側にある輪となり、それはエーテル体だと言われるようになったのです。

そして人間の肉体という基準からすると、肉体は地球を象徴し、その外にある月としてのエーテル体の軌道があります。つまり構造的には、土星と天王星という物質とエーテル体の関係は、肉体と身体の周囲のエーテル体、すなわち地球と月というふうに置き換えるということです。これは構造類似の問題で、これをそのまま横並びに比較すると混乱します。

さて東日本大震災の頃には、この天王星は春分点にありました。天王星は84年で1回転するので、84年周期においての春ということです。このとき、土星は天秤座の真ん中にあり、1度ずつ詳しく考えるサビアンシンボルでは、「流された船着場」というシンボルの度数にありました。土星が壊れる場所にあったとき、天王星、すなわちエーテル体は新しい春、種まきという位置にあったのです。エーテル体は大地から剥離して、何か新しいスタートをしてしまったのです。それは離陸なのか、着地なのかというと、春分点すなわち牡羊座の0度は、この地上にやって来たということを表します。

より狭義の、あるいはより具体的な領域で肉体と精神をつなぐ役割のエーテル体、つまり月の身体は、この動きをそのまま受信します。大地が崩れるどさくさに、エーテル体は何か新しい力強い目的をスタートさせた。あるいは大地に突き刺さってきたのです。大地が脆弱な場所はエーテル体が強く、大地が安定した場所ではエーテル体が弱くなるという関係があります。そのため、地球上でエーテル体が強く働く場所はたいてい火山地帯や危険地帯です。パワースポットとは、エーテル体が働く場所です。エーテル体は生命体とも訳されますが、つまり、エーテル体が強い場所では、誰もが元気になるのです。たいていそういうスポットは、ボルテックスに関係し、大地としては流動的であったり脆弱です。

仏教の四十九日

ある説では、人の死に際して、肉体から実体が離れるとき、頭から外に出て行くので足の先から冷たくなっていくと言います。死んだ直後は夢のようにぼんやりしていて、徐々に自分が死んだということを自覚します。死んでから49日の間は、この世界を行き来できる。しかし50日目にはもうこの世にとどまることはできません。アストラル界に行くのです。エーテル体を持っている49日の期間からアストラル界に移動することは、白木の位牌から黒塗り金文字の位牌に変えることで示されます。

石巻のタクシードライバーたちの心霊体との遭遇体験は、震災後数ヵ月から1年もすぎた後のものまでさまざまです。したがってエーテル体は49日どころか、もっとずっと長く保たれていたことになります。しかし肉体を持っていないので、時間感覚はまったく変わってしまいます。わたしたちの経験する時間は肉体が経験しているもので、わたしたちの意識がそれを体験しているわけではありません。肉体に近いエーテル体もまた独自の時間感覚を持ちますが、ただし、肉体があるときに比較するとずっとゆっくりしています。ちなみに霊の1年は2万6000年で、人の一生は、この中でだいたい1日という感覚です。

月は公転の1回転が28日くらいです。1回転とは、生まれてから死ぬまでというサイクルです。そのため、月の作り出す「気の身体」は28日で死んでしまいます。そしてまた新たに生まれるのです。生まれるたびに、出生図の月のサイン、ハウス、アスペクトなどが復元するので、わたしたちの性格はいつまでも生まれたときの月のサイン、ハウス、アスペクトに対応したものを記憶し、それを再生させようとします。

でも、わたしたちが死ぬときには、この月の鋳型を連続させている、より上位の組織との連合がなくなりますから、死んだ後に、急速に月の体は分解します。仏教ではすでに書いたように49日の範囲であるということになっています。

人工的かつ組織的にこの月の身体を維持するようなシステムもあるのですが、これはあまり多くの人には知られていませんし、あたかも架空のものとみなされています。わたしはそれを第二の月、「中二階」と呼んでいるのですが、これについて語ることは本書では適切とは思えません。達磨大師の話を書きましたが、このことに関係している話です。

無念さ、地上に対する強い思い。これは、エーテル体に刻み込まれた深い感情です。それが月の身体を長生きさせるきっかけにもなっています。そしてそれを容認したなんらかのシステムが、輪廻のルールから少しばかり逸脱させても、ちょっとぐらい半地上に滞在させておこうという配慮をしました。地上に関係したところで成立した執着心がなくなれば、エーテル体は分解します。つまりエーテル体とは、魂と肉体を持って成り立つ地上生活とのつなぎ材として機能しているからです。月は地球の周りを回っていて、それは地球的な生活を維持することにのみ専心しており、異なる惑星に生まれて輪廻していくという体験には関係しないどころか、それを嫌っています。

中二階システムは、「意識的な地球生活」という目的において役立つもので、これは古くからのエソテリックな方向に進化しようとしている人に使われてきたシステムです。普通に生きる人にとって、その月の身体は、地球の周りを回る月を使って組み立てられています。28日で壊れ、また再生します。そして死んだら、早い時間にエーテル体は肉体から、すなわち地上的な知覚のありかたから離れていきます。

Chapter 2

月のハウスから知る

月に心はない

チャプター1で説明したように、物質的な肉体と惑星の間の次元に月はあり、惑星の影響は月に取り込まれた後、肉体に直接影響があるものに変換されます。つまり惑星そのものは精神作用のような部分に影響を及ぼしますが、さらに身体に及ぶには惑星の性質が月に蓄積される必要があり、その後身体へと降りていくのです。

これについてもう少し正確に説明しましょう。

人体の内臓は、惑星と共鳴しています。これは内臓の「本質的な働き」ということに関係したテーマで、内臓の物質的な要素に対する影響のことではありません。

惑星の影響が月に落とし込まれる様子は、占星術では惑星と月のアスペクトに表れます。つまり、身体や健康に関しては、月に対する惑星のアスペクトが重要になってくるということです。もう一度言いますが、これは身体の器官や内臓の働きということに対してではなく、それらの物質的な状況に月の影響が及ぶということです。

人間の心は、主に心臓に宿ると考えられます。そして知能は脳にあります。人体には2種類の人間が住んでいて、ひとつは動物系で、この中心は脳にあります。また植物系は心臓に中心があり、脳と心臓は通信をしています。脳だけが発達している人は、心がわからなくなり、また体調も悪くなります。心のありかである心臓は、占星術では太陽に関係しており、それは外界の状況にかかわらず安定した心拍数を保つことが重要視されています。この安定した心拍数が、状況に振り回されない、その人の「良心」を表しているのです。

月は身体では体液、ホルモン、身体の周囲のオーラ、胃などに関係しており、一方で月は心には関係しません。月には心がなく、もっとずっと下にあるものです。

むしろ月に心があると思い、そこに耳を傾けてしまうと、わたしたちは衝動に引きずり回され、他者のことを理解できない人間になってしまいます。これを「月に食われる」と言います。コピーしてそれを繰り返す、眠りながら、あたかも生きているかのように機能するということです。そこにはほとんど自覚というものがありません。

でも、すでに書いたように、身体にとって月は非常に重要で、月を心や精神、感情などのメンタルな働きの仲間にさえしなければ、月は立派にその役割を果たすのです。言いかえれば、物質を支配する頂点的な作用なのです。

わたしは月を犬にたとえることが多いのですが、犬を家の中で飼うのか、外で飼うのかという違いでたとえてみてもいいでしょう。犬に人間と同じものを食べさせると身体を壊してしまいます。反対に腐った肉を食べても犬は平気ですが、人間は腹を壊します。犬には耐えられる雑菌でも、人間には致命的なものがたくさんあります。

月のハウスと蟹座のハウス

生まれた時間が判明すると、占星術で使うホロスコープでハウスを決定することができます。前作『月星座占星術入門』で月のサインを説明しましたから、ここでは月のハウス位置について説明しましょう。サインは世界共通の性質ですが、ハウスはその人固有のものなので、とくに個人的なものです。

月は蟹座の支配星です。これは蟹座の力を集めて、月がそれを振りまいているという性質です。そこで、月のエネルギィ源である蟹座がどこのハウスにあるかを見てみましょう。言うなれば、ここが倉庫です。蟹座は、集団意識に同化して、個人でなく、ファミリー的な力を蓄積します。この蟹座のファミリーは階層化されていて、深さにはたくさんの段階があります。一番小さなものは家族。その地盤よりももっと下にある大きなものは家系。地域性。たとえば、村、町、県、地方、日本、アジア、大陸、地球、太陽系などと広がっていきます。このどれにアクセスしているのかはわかりません。それはその人しだいです。

たとえば、出生の月に対して、トランシットの冥王星が１８０度や90度になったとき、これは冥王星が同調している集団性をシフトすることを要求しています。たいていはより大きなものに、です。たとえば日本国内で活動している人が、こんどは韓国も入れて考えなさいというふうにシフトするのです。レストランを経営している人の場合には、お客の階層をもっと広げるというふうになります。そのぶん、心が広くないといけないのです。

また蟹座は聴覚だといわれます。聴覚は身体の外に連れ出してくれる感覚です。蟹座はそうやって聴覚的に共感、同化します。たとえば大勢の人が一緒に歌を歌うのを聞くと、気持ちを合わせていることが実感できます。共鳴するというのが蟹座の性質なのです。

そこで、特定のハウスに蟹座があると、そのハウスはより大きなものに共感し、共有し、ファミリー的なものを集めていく性質があると考えます。そうやって集めてきたものが月に送られるのです。

蟹座のハウスを考える場合には、ある注意が必要です。ハウスとサインはあまりぴったりとは合致しておらず、蟹座はたいてい前後するハウスにまたがっています。この場合、蟹座で始まったハウスのほうを重視します。占星術に詳しい人なら、このハウスの中にふたつのサインがあった場合、途中からはじまるサインは、最初のサインの経験が十分に終わったら次のサインに切り替わると考えるでしょう。

たとえば、わたし個人は４ハウスの始まりは双子座でした。そして途中から蟹座になります。若い頃、閑静な住宅街というのが嫌いで、道路わき、線路脇、国道沿いという具合に、うるさい場所に住みたいと思っていました。でも、ある時期から、急に、閑静な住宅街も悪くないと思うようになってきたのです。切り替わった直接の理由はわかりません。おそらく双子座経験に満足し、そこが一杯になったのです。

ハウスの最初が蟹座である場所はどこか探してみるのも興味深いものです。そこから月に向かって、エネルギィが流れていくと考えるのです。

57ページからは、月が入っているハウスについて、ハウスごとに説明をします。蟹座のあるハウスの説明ではありませんが、意味をくみ取る参考になるはずです。

あなたの月のハウスを知ろう

ホロスコープを作るには？

ホロスコープを作る方法は大きく二つあります。ひとつはパソコンに専用のソフトウェアをインストールして作る方法。最近ではスマートホン用のアプリもあります。下に主なソフトウェアやアプリを紹介しておきます。

もうひとつは、ホロスコープ作成用のサイトにアクセスして作る方法です。多くのサイトがあり、ほぼ無料でホロスコープを作ることができます。本書では、プロフェッショナルの占星術家も多く利用する「ＷＷＷ・ＡＳＴＲＯ・ＣＯＭ」を使ってホロスコープを作る方法を次ページから解説します。

パソコンやスマホで利用できるホロスコープ作成ソフト

●スターゲイザー

Windows パソコン向けのホロスコープ作成ソフト。日本生まれのソフトで信頼性が高く、長い間多くの人に使われてきたスタンダードです。

http://stargazer.on.coocan.jp/

●アマテル

Windows、Mac、Linax のどの OS でも動作するフリーウェア。作者は著者の知人で、データも信頼性が高い。

http://tetramorph.to/

● Kairon

iPhone で使える iOS 用ホロスコープ作成アプリ。言語が英語だが、英語が苦手でもユーザインターフェースがわかりやすいので、なんとかなるでしょう。

https://kairon.cc/iKairon/

WWW・ASTRO・COMでホロスコープを作る

では、「WWW・ASTRO・COM」を使ってホロスコープを作る方法をステップごとに解説します。月について調べるには、なるべく正確な生まれ時間がデータとして必要です。あなたの母子手帳などから、正確な誕生年月日と時間、生まれた市町村の情報を前もって調べておきましょう。

＊2016年8月時点での同サイトの利用法ですので、読者のご覧になっている時点ではデザインや使用法が異なっている点があるかもしれませんのであしからずご了承ください。

STEP 1

まずはアクセス

下記のURLにまずはアクセスしてトップページを表示。

http://www.astro.com/horoscope/ja

STEP 2

ユーザー登録をする

ページ右上の「ログイン」をクリックして表示された画面から、［登録ユーザープロフィールを作成する（無料）］を選択。下の画面が表示されるので、あなたの名前などを入力してユーザー登録をする。

STEP 3

アストロ・データの入力へと進む

STEP2で［OK］をクリックすると、右のような画面が表示されるので、ここで［新しいアストロ・データ追加する］をクリックして、出生データの入力画面を表示させます。

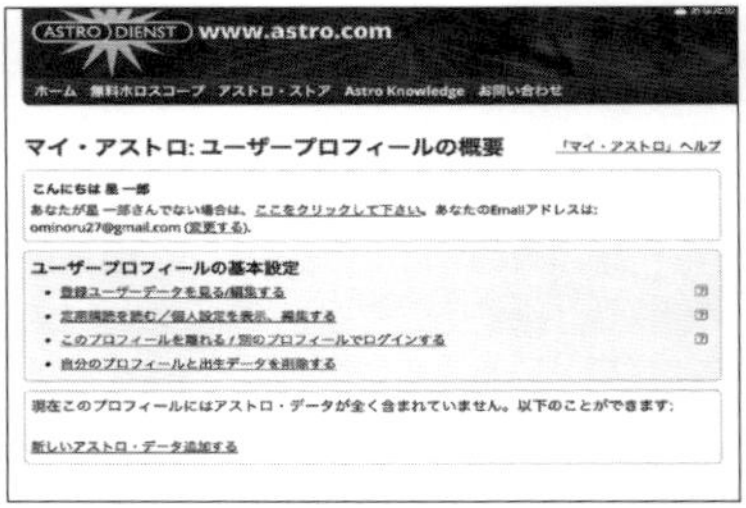

STEP 4

出生データを入力する

「出生データの入力」の画面で、あなたの誕生年月日時間などのデータを入力します。時間はなるべく正確な時間を入力しましょう。国は日本なら「Japan」を選択します。出生地は、都市名を半角英字で入力してください。日本語は使えません。たとえば、岩手県盛岡市の生まれであれば、半角英字で「Morioka」と入力すると、緯度・経度とともに選択候補が示されます。合っていれば、そちらを選ぶだけです。もしも、あなたの生まれた市町村がヒットしなければ、最も近い都市を探して、そちらを選択しましょう。

STEP 5

ホロスコープを表示させる

ホロスコープを作成、表示させるには、メニューの［無料ホロスコープ］からプルダウンで表示されるメニューで［出生図、上昇点（アセンダント）］を選択するだけです。すると、あなたのホロスコープ（出生図）が表示されます。

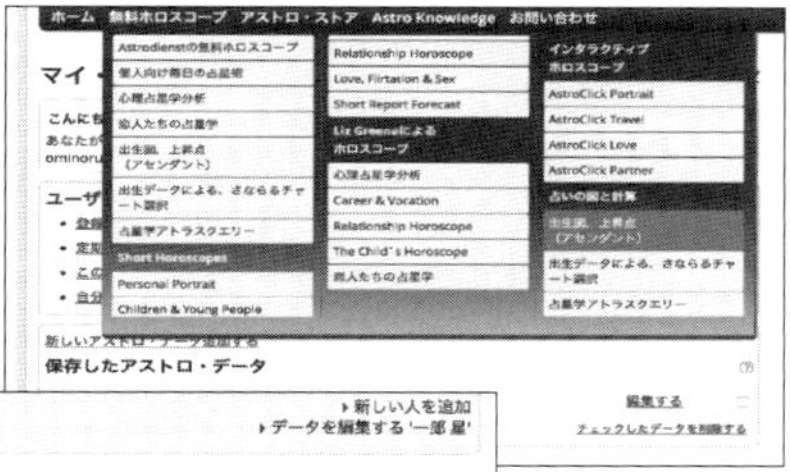

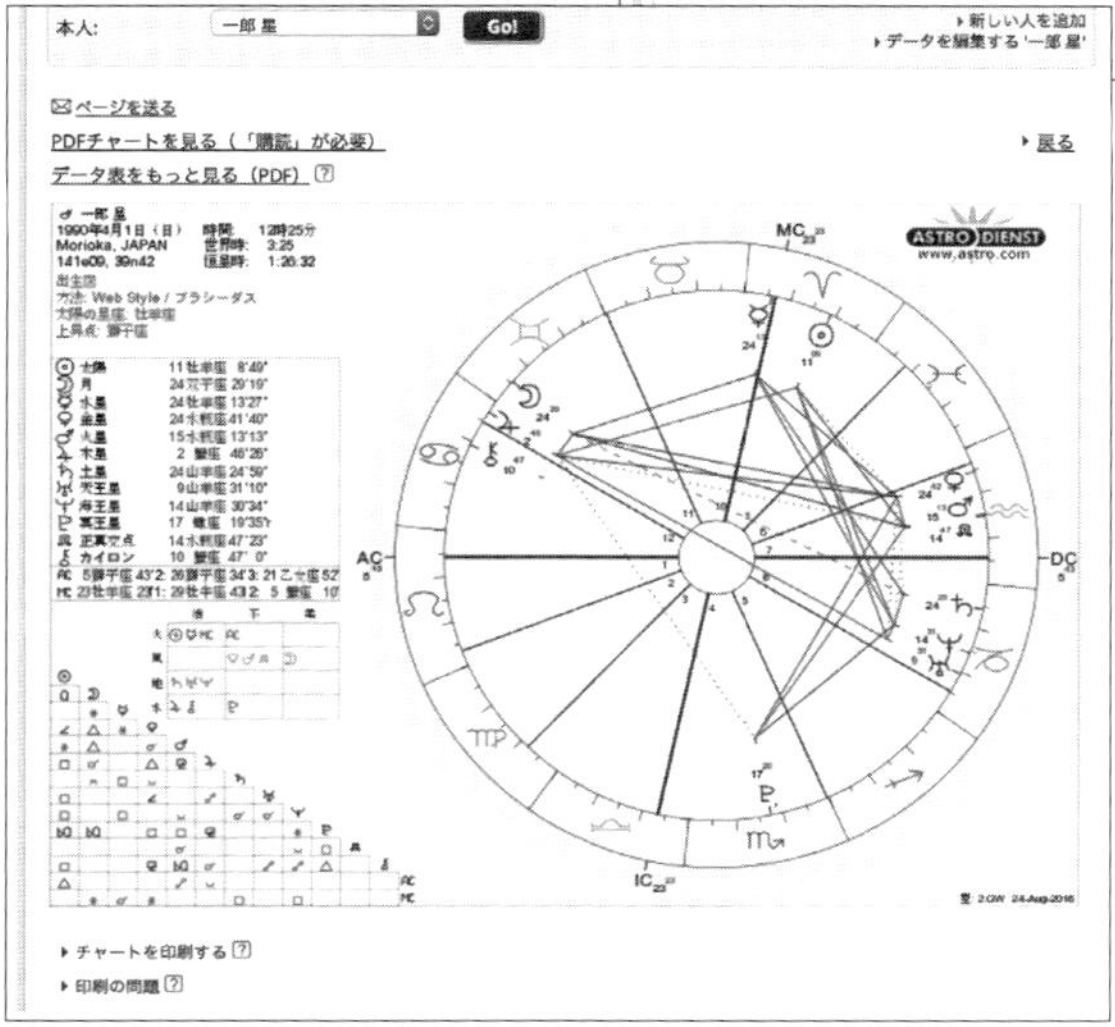

STEP 6

ホロスコープをもっと大きく表示させる

ホロスコープをプリントアウト用に大きく表示させるには、同じく［無料ホロスコープ］からプルダウンで表示されるメニューの［出生データによる、さらなるチャート選択］を選びます。表示されたページで、チャート選択が［出生図］になっていることを確認し、［クリックしてチャートを表示］をクリックすると大きなホロスコープが表示されます。なお、経過図や進行図など、さまざまなホロスコープを表示させるのも、この［出生データによる、さらなるチャート選択］から行います。

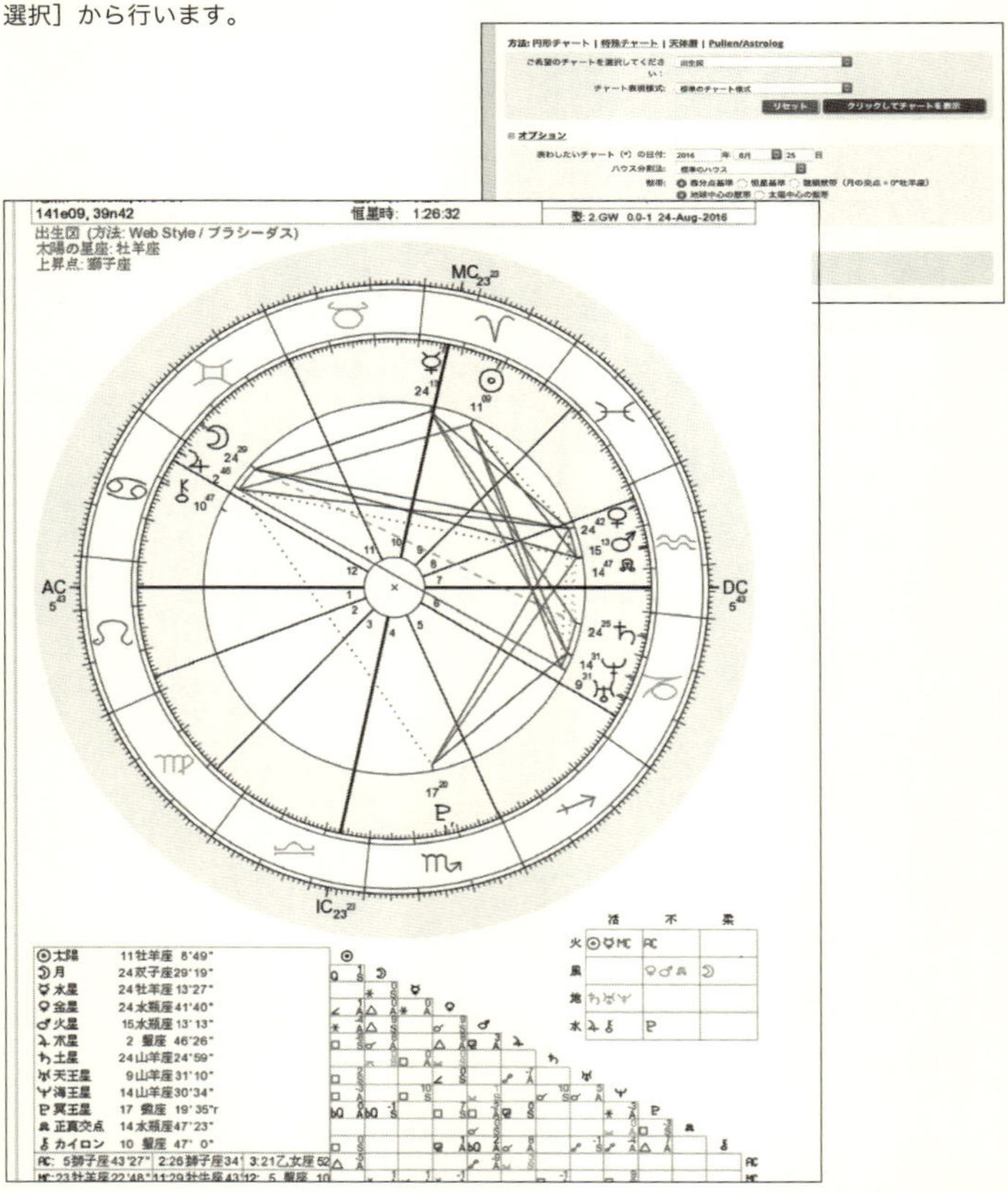

STEP 7

月が何ハウスに入っているかを見る

月が何ハウスに入っているのかを知るのは簡単です。ホロスコープは、時計でいえば9時のところから、反時計回りにピザのように12分割され、順に1ハウスから12ハウスまで割り当てられています。この下のホロスコープでは、月のシンボルが［11］と書かれた場所にありますので、月は11ハウスにあるということになります。

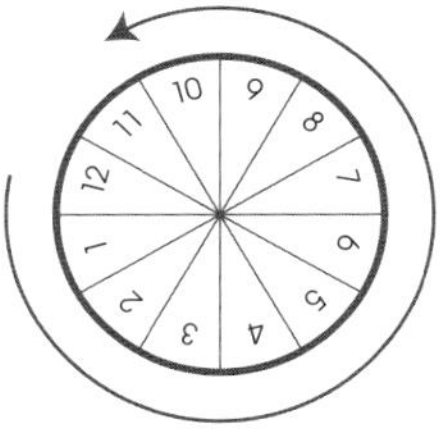

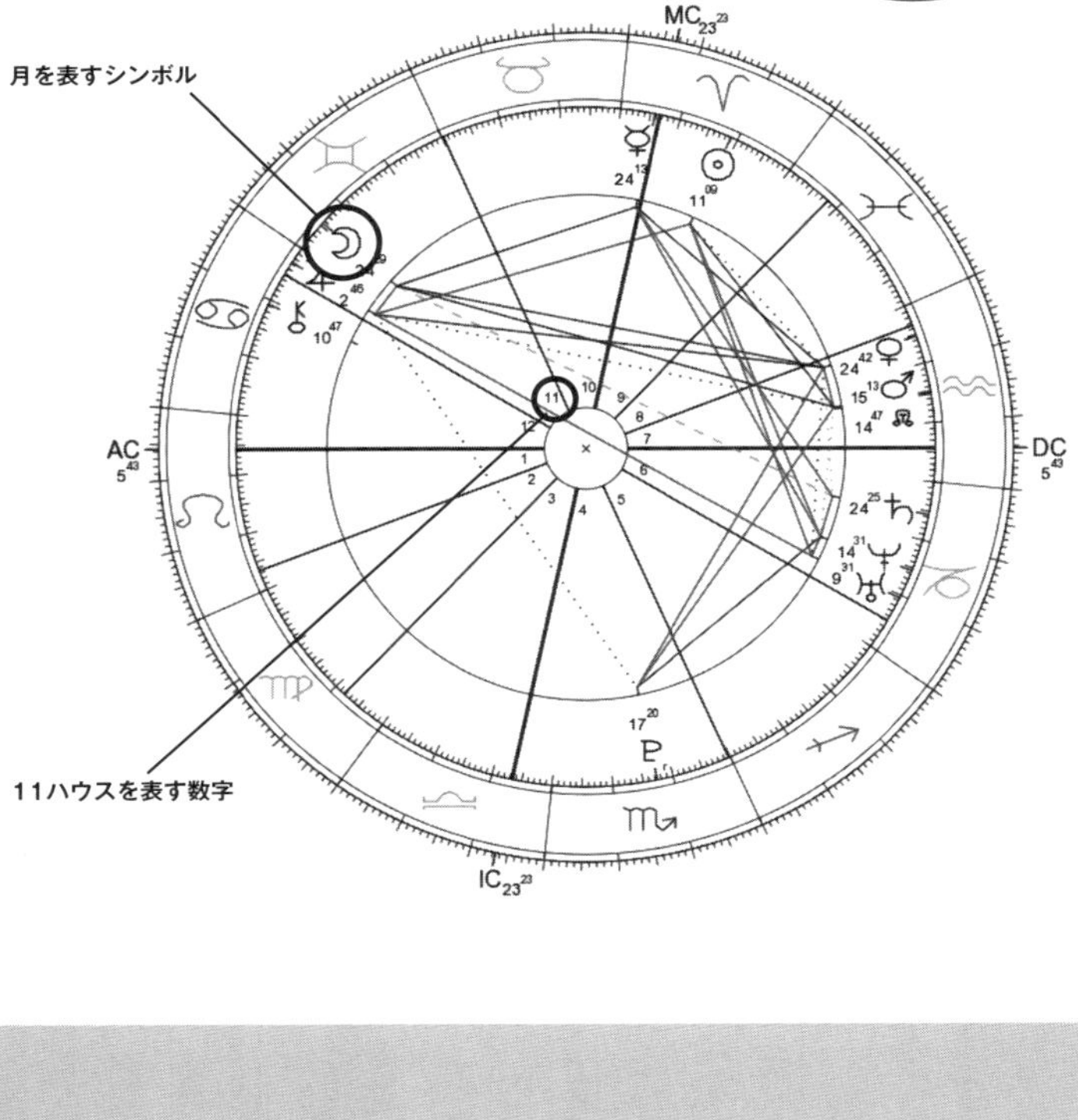

STEP 8

57ページから始まる解説で該当するハウスを読む

ホロスコープから自分の月が入っているハウスがわかったなら、57ページからの解説で、自分のハウスに当てはまるページを読みましょう。たとえば、月が11ハウスなら、132ページからの解説を読みましょう。

STEP 9

ホロスコープからさまざまな情報を読む

月が入っているサイン（星座）は何かなど、ホロスコープからはさまざまな情報を読み取ることができます。月ではなく、蟹座が何ハウスかもすぐにわかります。蟹座のシンボルは「♋」です。このシンボルから始まる場所が蟹座のハウスです。前のページのホロスコープでは12ハウスが蟹座のハウスです。月とサインの関係については、『月星座占星術入門』をご覧ください。ちなみに、前のページのホロスコープでは、月のサインは双子座です。下にあるのは、各天体とサインのシンボルの一覧です。

サインを表すシンボル

♈	牡羊座
♉	牡牛座
♊	双子座
♋	蟹座
♌	獅子座
♍	乙女座
♎	天秤座
♏	蠍座
♐	射手座
♑	山羊座
♒	水瓶座
♓	魚座

天体を表すシンボル

☽	月
☿	水星
♀	金星
☉	太陽
♂	火星
♃	木星
♄	土星
♅	天王星
♆	海王星
♇	冥王星

※冥王星は ♇ と表記する場合もあります。

月のハウスの解説

1ハウスの月

月そのものの個性を持ち、
母の影響を受けやすく
受容的に行動をする人。
気分がころころと変わりやすい。

内輪な世界に深く入り込みすぎ、
身近な人々の幼児的な感情の部分を吸い込むことも。
何かを改善したいときには、
環境を少し変えるだけですぐに成果が現れる。

気質や個性を表すのが1ハウス

1ハウスは、アセンダントから続くハウスです。アセンダントとは、太陽の通り道である黄道と、地平線が交差した場所です。太陽の通り道は魂のありかとみなし、また地平線は地球上での肉体とみなします。そのため、魂が肉体に降りる受肉の場所がアセンダントになります。そのアセンダントに続く1ハウスは、個人として生まれたのちのその人の気質、個性の原点を表します。この世界に自分を押し込んで、外に主張する。この押し出しの様子を表すわけです。

しかし、生まれてきたばかりの場所ということは、本人はそれを自覚できないことを意味します。鏡がないと自分を見ることができないように、自覚というのは何かに反射させないとわかりません。そのため、この1ハウスを自覚するには、反対側にある7ハウスが鏡として必要とされます。それは他者の目ということを意味します。幼児は、小さい頃は自分の身体がどこにあるのかさえ自覚していません。何か抵抗を与えると、ここに手があったとか、足があったということがわかるのです。

1ハウスがその人の原点となる個性だとしても、特定の場所と時間に太陽の通り道と地

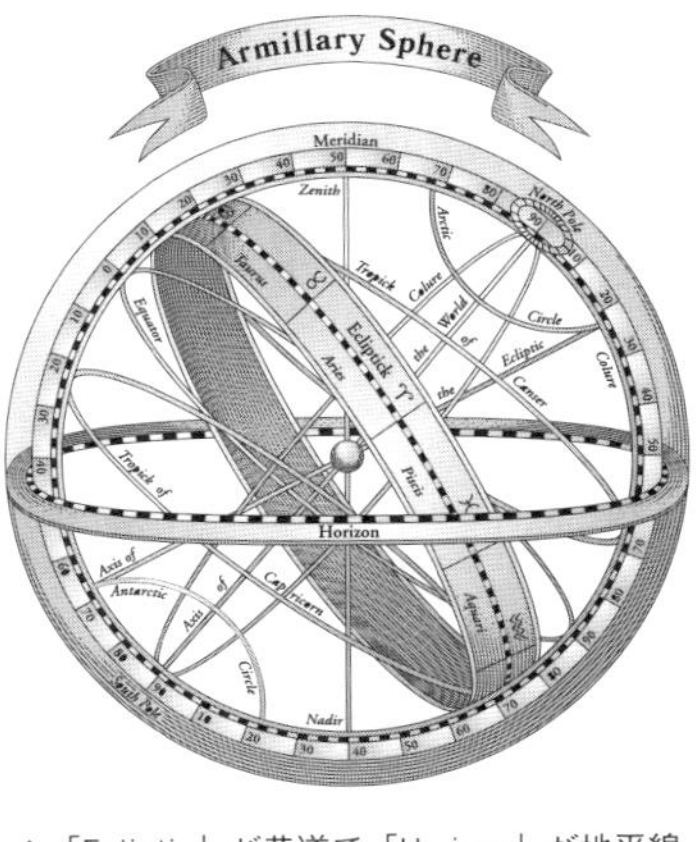

▲「Ecliptic」が黄道で「Horizon」が地平線

平線が交差して特徴が生まれてくるということは、個々の人間の特徴や個性というのは、その人の魂や霊が持ち込んだものではなく、純粋に地球の特定の場所と時間が色づけしたものと考えられます。函館に生まれて、函館で取れる食べ物を食べていると、みんなちょっとサブちゃんに近いキャラクタになるということでしょうか。個人の内面的な個性、つまり場所など環境の色に染まらない特質は、月よりもむしろ惑星のほうに現れます。

ですから、このアセンダントや1ハウスが示すものは、精神的なものというよりは、はっきりと目に見える形、つまり顔つきや歩き方などで表れるものです。

周囲の人の無意識を吸い込む

さて月は、惑星と違い、惑星の影響を受動的に受信する天体です。物質に対しては能動的であり、惑星に対しては受動的というわけです。

1ハウスに月がある人は、月そのものの個性を持った人と言えます。月が人間の顔をして歩いていると考えればよいでしょう。受容的な性質の月がキャラクタとなり、身近な人や周囲の環境からの影響を強く受けます。そして月はコンデンサのようなもので、チャージしたものが満タンになると放出します。これは月が気のエネルギィを司ることにも関係があります。充電式バッテリーのようなものと言えるでしょう。

これは月の満ち欠け、つまり月の公転周期が28日前後ということにも関係します。だんだんと満ちてゆき、そして一気に放出し、脱力するのです。そのように環境との関わりの中で気の力を吸収し、そして放出します。

月は無意識の、自動的な動きをしますが、ここでは周囲にいる人の無意識の意志を吸い込みます。そしてそれをあたかも自分の意見であるかのように吐き出します。すると、周囲の人は、自分が無意識に思っていたことをその人が代弁してくれたと思います。「そう、それが言いたかったことなんだ」と。月は太陽の光を跳ね返して地球に届けてくれます。ただし、それは地球の夜の部分に——というわけです。

一方、月は地球の周りを回っていて、ほかの惑星のことは意識していないので、環境や他者のものを受容的に吸い込むとはいっても、それはごく身近な範囲のものに限られます。地球集合意識などという大きな範囲にはなりません。形にならない気配を吸い込むのは12ハウスの月で、1ハウスとは受肉して幼児的な発達段階にあるレベルですから、いわば、とりわけ身近な人々の幼児的な感情の部分を吸い込むと考えるといいのです。

何かを始めるときには常に模倣から

しばしば、月は母に関係すると言われます。これは月が支配星である蟹座の特性の一つです。そのため、1ハウスの人がキャラクタを作るときに、母のコピーをしている面があるということになります。男性の場合は、結婚相手が母の代わりになることもあります。母や結婚相手などの女性の意見や好みをコピーして、それにおうかがいを立てながら生きていくという傾向も強まります。その人の具体的な性質については、月のサインから考えてみるとよいでしょう。

ところで、月は身近で内輪な領域を回転している天体ですから、それに1ハウスが強く影響を受けてしまうと、興味の範囲が比較的小さなところに終始してしまう傾向が出てきます。

たとえば日本のテレビの報道は、肝心なものを報道せず、ちょっとした感情を刺激する事件だけを果てしなく追求するという妙な傾向を持っています。わたしはこれは月的な視点で報道していると感じます。海外で飛行機が落ちたとき、日本人が搭乗していたのかいないのかを真っ先に問題にするのもおかしな話です。内輪な世界に深く入り込みすぎるのは1ハウスの月の人の陥りやすい傾向かもしれません。

もちろん、他のハウスに惑星があるので、さまざまに違った特徴も持つことになり、この月だけに支配されるわけではないので気にしすぎる必要はないのですが、行動の動機やスタートでは、誰かをコピーして始まるという特性があることだけは意識しておいたほうがいいでしょう。1ハウスとはスタートなのです。それは人生の始まり、行動の始まりを表しますが、月の受信機能という点から言えば、何かを始めるときには常に何かを模倣することで始まるのです。

とはいえ、他人の目からすると、相手が受容的に行動してくれるというのはなかなか気分のいいものです。何かを言うと、数分後にはあたかも自分が今初めて考えたかのように同じことを言うとか、あるいは、あれがほしいと思っていると、しばらくして同じものを指差して「わたしはあれがほしい」と言い始めるといった具合です。でも、1ハウスに月の人がふたりで過ごすのは、楽しくないかもしれません。それは、ふたりとも反射するために待機しているのに、太陽のような光源がどこにもないことになるからです。

ころころと気分が変わりやすい人

月は惑星の影響をストレートに受けます。それに対して拒否権がありません。なおかつ月は地球の周りを回っているので、惑星を見ていません。つまり影響は惑星からの一方的なものとなります。1ハウスは行動の動機、スタートすることですから、この月が惑星の影響を次々と受けるということは、ころころ気が変わることを表します。月そのものは決して不安定ではないのですが、惑星の影響をストレートに受けるために、くるくると状況が転変する結果になってしまうのです。そして月はその変化を身体に伝えるので、健康状態なども変化しやすいと言えます。体液、肌質、胃の状態、ホルモンなどが変化するのです。

でも、惑星などの影響を受けやすいという性質を変えることはできないので、むしろそれを生かす生き方をするとよいでしょう。パソコンを大切に扱っている人の中には、パソコンが壊れると身体の具合も悪くなるという人がいます。自動車が好きな人は、自動車のサイズが自分の身体感覚となるので機敏に運転することができるし、自動車の調子が悪くなるときにも事前にわかるようになります。

影響を受けやすいというのは、視点を変えれば、何かを改善しようと思ったときには、環境を少し変えるだけですぐに成果が現れるということでもあります。一方で、月は無意識で、自動的に働くということは、環境の影響も気がつかないところで吸い込んでいるということです。そのため、何かおかしなことがあったときには、その原因を特定するのに時間はかかります。

月は気のエネルギィ、エーテル体に関係しており、地球のエーテル体とは地球を取り巻くプラトン立体のグリッドで、その線と線の交点はボルテックスです。つまり巨大なパワースポットで、これを細分化したものが普通のパワースポットだということになります。ここからエネルギィを吸い込むと、それは1ハウスを満たし、月は行動の意欲を刺激することになります。何か始めたいときも、月は

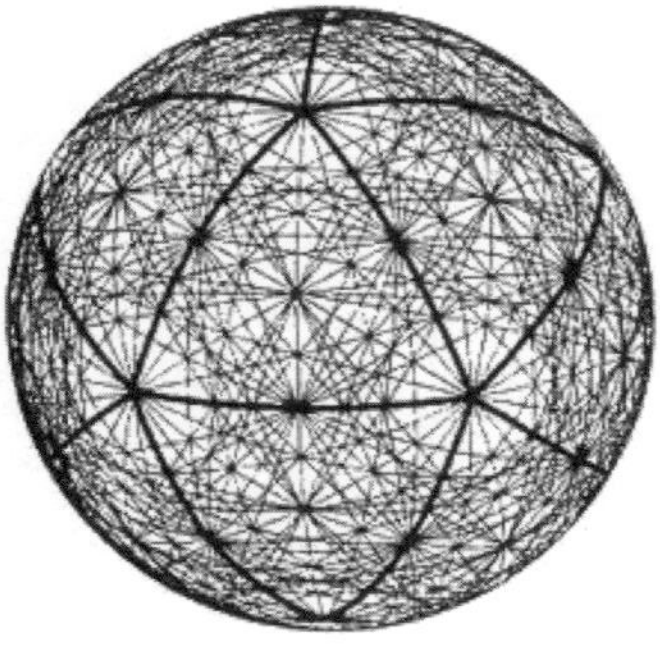

▲プラトン立体のグリッドのイメージ

能動性を持たないので、まず何かから影響を受けなくてはなりません。それなら土地のパワースポットから吸い込んでもいいのではないかとも思います。

土地の力を吸い込んで前向きに生きる

さて、チャプター1では、月を同化しないで外化する（対象化する）ということを提案しました。1ハウスの月は、とくに本人そのものと同化しており、しかも幼児段階のものですから、それを外化するのはますます難しいはずです。

小さな幼児の頃の思い出をはっきりと持っている人は少ないと思いますが、わたしたちは小さな頃、ものを視覚的に認識できていませんでした。この場合、母親のことも、ある種の光の固まりのような感じで見ていました。自分を肉体を持った存在というよりも、光の渦のようなものと考え、自分の身体の周囲に卵型のものを想像してみてください。この卵型の中で思い、考えているということを意識しましょう。そもそも月は気の身体ですから、明確な物質的肉体というよりも、この気の身体と考えたほうが1ハウスの人にはふさわしいのではないでしょうか。

わたしたちは肉体に同化していません。わたしたちは肉体を見ることができますが、こうして見ることができるということは同化していないということです。ところが、身体の周囲の月のオーラのほうには、わたしたちは同化しています。同化しているものは見ることができません。これを外化すると、人はオーラを対象化して見ることができますが、対象化して見えるのは、もう一体化していないということです。自分の周囲にある磁気場のようなものを、実際には見えないにしても、意識するとよいでしょう。

1ハウスとは、「わたしが存在する」という段階を表すものとも言えます。この世界に生まれてきた、その最初の段階なのです。この世界に自分が存在するというのは、まさに不思議としかいいようがありません。

わたしたちは肉体を持つ前に、まずはエーテル体の卵として、この世界に入り込みます。いわば空中から卵が降りて来るのです。そして、わたしたちはやがて硬い食べ物を食べます。それにつれて、柔らかかった実体はだんだんと硬い肉体を得るようになります。身体は食べ物でできているのです。この身体は、食物から摂取した物質が、先に存在していた鋳型をなぞってできたのです。食物には金属鉱物などが含まれており、地球の重力場に激しく引き寄せられる固形の肉体を作り出すことができます。食べ物を食べなければ、元に戻ってしまいます。

空間を押しのけて、わたしはここに存在する。この存在するということにもっと意識的になってみましょう。わたしはここにいる、ということを頻繁に思い出すのです。月の1ハウスの人は、わたしが存在するということに無意識になって眠ってしまうと、環境の働きの中にずっぽりと飲み込まれていきます。それは哺乳動物的ですが、人間的ではありません。

他者や環境の影響を吸い込んで、それによって初めて行動できるというのは、何かを受信しないと行動ができないことを表していて、周囲に何もなければ何もできないということになります。そのため、他者の影響を受ける場合には、その人との関係性に最後まで縛られてしまうので、向上することができず、自由もないことになります。影響を受ける相手を選ぶということさえできないのなら、人間ではなく地球から影響を受けるほうがまだ安定するのではないでしょうか。

本来、土地の力を一番吸収するのは4ハウスの月の人ですが、しかし1ハウスは行動原理ですから、このパワースポットなどの土地の力を吸い込むことで、人生を前向きに過ごすことができるはずです。

過去から受け継いだものを
どう加工して未来の可能性につなげていくか、
それがテーマとなる人。
月に飲み込まれてしまうと怠慢に生きることに。

2ハウスの月

一番大切な「もの」を捨てることは
この2ハウスの月の人にとっては
もっとも効果的で衝撃的な体験となる。
食べ物へのこだわりがある。

先祖が用意した2ハウスの身体性

1ハウスは存在するということに専念するハウスで、物質的、肉体的に存在することについてはまだ自覚はありませんでしたが、続く2ハウスはこの肉体を得るという意味を持っています。子どもは生後すぐに身体を制御することに興味を抱きます。しかし習熟にはとても時間がかかり、手を上手に伸ばすこともできず、必ず何かにぶつけたりします。それは、手に入れたばかりの乗り物の運転を練習しているところだからなのです。

肉体は自分のものではなく、母親が用意してくれたものです。つまり母親に買ってもらった自動車のようなものです。この肉体の中には、長い期間続いてきた先祖の業績が蓄積されています。音楽家の家系ならば最初から音楽が得意で、指がピアノを弾くのに好都合な形をしていたりします。あるいはダライ・ラマが生まれるには七代が必要です。こうした蓄積は、すべて2ハウスに保管されているのです。

占星術のハウスは、肉体に関係したところで成り立つものばかりです。魂はこの2ハウスにはあまり関係しません。かつて古い時代には人間は霊・魂・肉体でできていると考えられていました。しかしキリスト教は、人間は魂と肉体からできているとし、しかも魂は生まれた後に発生するとしました。ハウスは特定の場所・時間の条件の中で成立するので肉体的な要素ですが、キリスト教的な考えでは、このハウスの条件の中からやがて魂的な要素が育つということにもなります。でも、明らかにそれは間違いであるように見えます。

魂的な存在からすると肉体は異質なものなので、それを扱うことに慣れなくてはなりません。生まれたばかりで肉体とまだ一体化していないとき、死ぬまでこれを使わなくてはならない長いつき合いだとあきらめて、肉体がうまく行使できるように時間をかけて準備します。そして肉体のすみずみを見ると、先祖が残してくれた遺産が見つかり、それを使って地上生活を満喫できることを発見します。

混血がなされず、ひとつの系統の中で子孫を残すような時代には、子孫は先祖の記憶をダイレクトに思い出すことができたと言います。血の中にある自我は継続し、子孫に受け継がれていたのです。300年前の体験を昨日のように思い出していたのです。

混血するようになってからは、2ハウスが受け継ぐものはハイブリッドで複雑な資産となり、それをダイレクトに想起することはできなくなったのですが、行為の中でこの資質はしだいに目覚めます。たとえば、子どものころのわたしは絵を学んだことはありませんでしたが、絵画コンクールでいつも入選し、賞状が押入れの中にたくさんしまわれていました。これは肉体の中に埋め込まれていたものをただ行為の中で引き出してきただけです。

2ハウスの身体性は、先祖や母親が用意してくれたものなので、努力して得たものではありません。たとえば、畑で作物を作る農民と違って、漁師は海が育んだ魚たちをただ獲るだけです。同じように、子どもも生まれたときに、長い時間をかけて築かれてきたものを2ハウスで大した努力もなしに受け取ります。しかし同時に、それは遺産に捕らえられてしまうことでもあるのです。

2ハウスの場合、所有物、お金、生まれつきの才能などを表しますが、それらはすべて過去に属するもので、2ハウスに飲み込まれた人は、この過去に埋没し、未来の可能性を開くことがなくなります。未来とは11ハウスです。2ハウスと11ハウスは、90度で対立しており、わたしたちは未来と過去の間に張られた糸の上を綱渡りしています。過去から受け継いだものを、どう加工して未来の可能性に持っていくかがテーマとなります。ところが、2ハウスに飲み込まれてしまうと、この未来の可能性を考えることなく、過去の資産を食いつぶすだけで、そのまま怠惰に生きていくことになります。

一番大切なものを捨てること

月は眠りです。ある本には、「月は引き寄せの法則を発揮する」と書いてありましたが、実際はその反対です。「引き寄せられの法則」です。しかも人でなく、物質に引き寄せられ、最後は人は人でなくなり、モノになります。しかしこれは月が悪いと言いたいわけではなく、月を内面に同化させてはならないと言いたいだけです。内面に同化させてしまうと、月はすぐさま人を飲みこみます。

月が眠りであり、物質への「引き寄せられの法則」を働かせるものだとすると、2ハウスは過去の資産、つまり肉体が潜在的に持っていた可能性を掘り出し、この中に眠り込むということになります。2ハウスに依存するだけで、お金も儲かり、生活もできるのですから。

占星術では以前、月は一般大衆を表すと言われていました。これは受動的に生きている市井の人ということです。2ハウスは収入やお金儲けを意味し、一般的な商売を表します。あるいは大衆人気に関わるようなもので、収入を得るということも表します。月は蟹座の支配星ということから日常の生活を表すのならば、日用品なども関係します。

月がこの2ハウスにあると、肉体を伴う生活の中に埋没して、生活自体にあまり意識的でなくなってしまいます。所有することは所有されることでもあるので、自分の生まれ育ち、資質、肉体が存在することで初めて成り立つような価値観に侵食されています。

たとえば、お金は死んだ人にとっては意味がありません。お金は社会が人工的に作り出した、まったく自然ではない価値観です。つまり、肉体を持ち、社会の中に生きているときだけしか通用しないものが2ハウスの価値観なのです。その価値観から離れることなく、精神と物質をつなぐ月が2ハウスに深く入り込んで眠ってしまうと、存在はローカルなところでしか生きていけないものとなります。

一番大切だと思っているものを捨てることで、その人は目覚めると言われます。月は依存し、そこで意識を失う場所です。その点では、所有することで所有される2ハウスは持ち物に反映されていますから、一番大切な「もの」を捨てることは、この2ハウスの月の人には一番効果的で、衝撃的な体験となるでしょう。

月は胃を表します。そこで、この2ハウスに月がある人は、食べ物にこだわります。それは生きる上での大切な基盤になっています。そのことに無意識にならず、そのことに意識的であること、つまり捕獲されていないということを実践するには、定期的に断食することも効果的ではないでしょうか。人によっては、食物でなく、精神や感情の食物としての音楽などに執着するかもしれません。

自分の生まれつきの資質、持ち物、金銭などを突き放してみましょう。たとえば貧しい生まれの人は、この貧しい生まれが所有物です。それはよくないものかというとそうでもありません。それよりもこの条件そのものが所有物ということです。この中に昏睡すると、それに支配されることです。支配されると、その反対の未来を描こうとするかもしれません。つまりはそれも条件に支配されているということかもしれません。

2ハウスの月の外化（対象化）には、持ち物をすべて捨ててみることもひとつのアイデアですが、月は物質を引き寄せるか引き寄せられるかのどちらかなので、捨てるほどに拾ってくることになります。でも、ここでは引き寄せ、拾ってくること自体にはなんの問題もありません。この中で眠りこみ、硬直した姿勢になってしまうことが問題なのです。

月に飲み込まれると
いろんなことに頭を突っ込み、
気分のおもむくままにあちこち出かけ、
特定のものに捕まるのを嫌う。

3ハウスの月

体を動かす旅、
知識を求める頭の中の旅。
うろうろすること、徘徊すること。
これらによって活力がチャージされる。

特定のものに捕まることを嫌う

月があるハウスに人は依存し、眠り込みます。ですから、3ハウスに月がある人は、3ハウスに依存し、この中で眠りこんで自動機械になっていることを意味します。自動機械の状態では、3ハウスを発揮するのに努力は必要ありません。自動的に発揮できるわけですから、いわば手抜きができるということでもあります。

手抜きができるということは、それ以上は向上しないということを意味します。どれかのハウスに向上しないものがあると､他のハウスもその足を引っ張られます。なぜならば、この12個のハウスは円をピザのピースのように分割した形で、どれも同じサイズ、同じ質だからです。どこかのハウスだけが突出して働くということは、そこに惑星があれば、形の上ではありますが、働きや質という点では均質です。

哺乳動物から人間になるには、この月という自動機械に埋没している状態から抜け出さなくてはなりません。しかしそれは3ハウスの月を遠ざけて使ってはいけないという意味ではありません。眠りから目覚めると、もっと生き生きと3ハウスの月を活用することができます。

月を「わたしの中の犬」と言うとき、あなたの犬は3ハウスに住んでいることになります。この犬は近所をうろうろと徘徊します。3ハウスは、マルチな知性の発展、散歩、旅などを表しているのです。

小学生はいろいろな種類の科目を勉強します。3ハウスは初等教育の象徴でもあり、そもそもは双子座の場所です。双子座は風の元素の柔軟サインで、つまりはあちこちに吹いていく風ですから、たくさんの課題、興味、科目などに分散していくわけです。そのため、3ハウスの示す初等教育の場ではたくさんの勉強をしなくてはならなかったのです。

ひとつのことに集中するのではなく、ばらばらに散っていくことが3ハウスの本性ですから、この3ハウスが月による自動運転になると、いろんなことに頭を突っ込み、気分のおもむくままにあちこちを散歩し、特定のものに捕まるのを嫌うということになります。つまり、集中力が阻害されてしまうのです。そして何ごとか夢中になっても、しばらくすると飽きてしまい、違うことに関心を持ちます。とはいえ、いろいろなものに興味を持っても、人間の知能には限界がありますから、いくつかを経巡ると、また元に戻ってきます。

知的好奇心という面では、月の強い影響から、ある程度狭い範囲の決まったものに終始しがちです。というのも、努力して知識を拡大するというのは、実はかなり苦しいことだからです。

馴染んでいないものを学習するのは労力がかかります。それに意識的でなくてはなりません。そうでないと、さまざまな見落としを頻繁にしてしまいます。しかし月は意識的になることはありません。そのため、ある程度馴染んだものの周囲を回り、安心を求めます。

異質なものには関心を持たないのです。そこで3ハウスに月がある人は、いつまでも似たような情報、知識を扱うことになります。もしもそれに違和感を持ち、嫌なものでも重要だと思って意識的に扱うことができたなら、これは脱・月の態度であり、かつ水星の態度だと言えるでしょう。

こう考えると3ハウスに月があることは、3ハウスがあなたの眠りのしとねとなり、3ハウスの可能性をスポイルする面があることにもなります。

しかし、月はエーテル体、気のエネルギィ、バイオプラズマ、オルゴンエネルギィなど、さまざまな名で言われる生命パワーを蓄積して気力をチャージしますから、それらがこの3ハウスの行為を通じて蓄積されることになります。体を動かす旅、あるいは知識を求める頭の中の旅。これらによって活力がチャージされるということです。

精神面では眠り込み、自覚を促すことがない。しかし、精神がボーッとして眠り込む身体とのこの境界線に力が備蓄されていくのです。

ただし、この活力の有効期限は28日です。つまり生命パワーが貯まり、やがて放出して空っぽになり、また貯めようということになるのです。28日という早いサイクルだということは、忙しく動いていなくてはなりません。

自分の中の「犬」を意識化してみる

高収入の人には、読書家が多いと言われます。こういう人たちは、暇があると書店で本を買う。しかもまとめて数冊を買ったりする。店内で棚を見ていると、興味を惹かれるものが必ずあるからです。そこで予定外のものを買います。これこそ犬の散歩に相当するもので、本はすぐに読み終わってしまい、するとまた違うものがほしい。こうやって、28日という早いサイクルの中で、種まき、成長、完成、定着というプロセスが完了します。

たとえばおよそ1ヵ月の単位で、今月の読書テーマを決めてみるのもよいかもしれません。わたしは先日、作家の和久峻三と写真家の田中長徳の対談の本をたまたま見かけて読んだところ、田中長徳に関心がわき、そのままずるずると彼の著作を続けざまに10数冊も買ってしまいました。1ヵ月間は田中長徳シーズンです。

目覚めて意識的でいると、気のエネルギィはたまりません。むしろ分解します。月の示すボーッとして夢遊病のように働く、精神よりも振動の低いものが身体の周囲を包み、そこに力をチャージするのです。

田中長徳は、晩年にはライカのカメラひとつ持ってヨーロッパを放浪したいと書いています。カメラ好きの人たちの、いわばステレオタイプ的な願望で、その背後には必ずアッジェ（19世紀後半から20世紀初頭に活躍したフランスの写真家）がいます。このようなステレオタイプな夢というのは、月が作り出します。それは現実からは遊離したものですが、人々の記憶の中では鋳型として働いています。うろうろすること、徘徊すること。これは3ハウスにパワーを蓄積します。

写真家の森山大道の本を読んでも、パリをさまよって写真を撮っていたと書いてあります。やはりアッジェが、あるいはブレッソン（20世紀を代表する写真家）が背後にいるのです。森山大道は『犬の記憶』という本を書きました。犬は月の象徴です。まさに、犬のように、新宿の裏通りや横須賀などをふらつきながら写真を撮る。実際にどうなのかわかりませんが、これは3ハウスの月の意義を彷彿とさせます。森山大道は、自分は犬みたいだと書いています。自分の中の犬を意識化して、あらためて3ハウスの徘徊をしてみると、生命力が高まります。

4ハウスの月

家は何よりも大切であり
地震などの
月の眠りを覚ますような出来事を
何よりも不安に思う人。

眠りにもっと意識的に取りくみ
家というものにもっとお金を使うとよい。
家に気のエネルギィが蓄積され
それを食べることで、あなたは健康になる。

自分の家でボーッとするのが好きな人

４ハウスは基本的には家を表します。そもそもの４ハウスのイメージとは、個人の緊張をほどいて個を失い、集団的なものの中に溶けていくこと、つまりは死んでいくことを表します。わたしたちは毎夜、この小さな死を体験します。そして朝に、小さな誕生を体験します。夜になると、真っ暗な部屋で家族で死体のように並んで眠ります。そのためにはこの場は危険であってはなりません。心底信頼できる人とリラックスして無防備なまま眠るのです。しばしば家族は危険なものがやってくることに対してのプロテクタの役割も果たします。

家はひとりで持つものというよりも、複数で構成される家族が集まるものです。そして、家族はとても小さな集団を表します。この集団性には多重の層があります。家族よりも下の基盤になると、家系、地域社会、県、日本、アジア、大陸、地球、太陽系と、どんどん大きくなっていきます。これらはみなファミリーです。だんだん大きくなる複数の輪をイメージすると、それはどんぶりのようなものかもしれません。

個人の意識は、個として閉じていますから、それは緊張に満ち満ちていますが、その緊張を解いたあとに、その人がどのサイズの集団意識に溶けていくのかには個人差があります。それはこの個人の生きる目的によりけりだからです。それによって必要とされるパワーが違い、そしてこのパワーは非個人的なソースから持ち込むしかないのです。この4ハウスにリラックスして沈潜することで、膨大なエネルギィがチャージされます。十分に眠れないという人は、このチャージが不完全です。その場合は朝起きてからの個人の活動の爆発力が不足してしまいます。もしも完全な眠りを果たすことができたなら、睡眠はだいたい1時間でよいと言われています。

月は、眠り込んでボーッとしながら自動運動の機械のように働くので、うっかりすることもかなり多い状態です。4ハウスに月がある人は、自分の家で気を抜き、ボーッとするのが大好きです。この人にとっては家は何よりも大切で、月の眠りを覚ますような出来事が起きると真に不安です。そういう意味では、この人にとってもっとも恐るべき脅威とは地震などかもしれません。

月は仕事には使えません。気を抜いて何度もうっかりミスをしでかすような人に仕事は任せられません。本能的、反射的にそういった自分の癖を出してしまいます。気をつけようと思う前にもう瞬間反応的にミスをしてしまいます。必ず見落としがあり、いつもの癖をまた出してしまうわけです。

しかし4ハウスでの生活は仕事ではないし、むしろリラックスすべきです。ということは、家に仕事を持ち込まないほうがいいのです。家で仕事をしてもよい人というのは、4ハウスに水星があったり、太陽があったりする人です。

4ハウスは家といっても、無防備になってリラックスできる、個の緊張を解除できる場所ということですから、安心できるのならそれが事務所でも4ハウスに違いありません。むしろ家にいるほうが疲れると思っている人にとっては、事務所や会社の一室や、あるいはときには車の中や船の中のほうが4ハウス的な意味を持っているケースもあります。これは4ハウスのサインによっても変わり、たとえば双子座が4ハウスだったりすると、路上のほうがリラックスするという人もいます。

個人を超えたところに沈潜してみる

4ハウスは個人を捨てて深層に沈潜していく場所です。個人の知能ではとうてい及ばない深いところに入り込む――それが4ハウスなのだとすると、いろいろ工夫してみるのも面白いでしょう。

たとえば、4ハウスの家の根底にある眠りを支える寝具をもっと真面目に点検してみることなどです。深く眠るためにウォーターベッドを買う人もいますが、わたしが思うに、もっともラジカルな寝床はフローティングタンクです。これは人間ひとりが横たわることができるスペースのタンクで、光も音も入らないので真っ暗で無音です。そのタンク内に、身体とほぼ同じ比重の硫酸マグネシウムの溶液を満たし、その中に、すべての感覚刺激を絶ったまま身体を浮かばせるのです。

するとまるでどこか世界の果てに見捨てられたような気分になります。家は複層化していて、より下に行くとより大きなファミリーに包まれると書きましたが、とことん深く入り込むと、表面的な家族、家系、集団社会を突き抜けて、やがて宇宙の暗闇の中に放り出されたような気分になります。いわば巨大すぎるファミリーに入ってしまったのです。このフローティングタンクに入ると、人によっては、一気にそこまで行ってしまいます。

わたしは十数年前に交通事故にあい、救急車で病院に運ばれました。麻酔を打たれ、骨折した個所を金具で止められて糸で吊られたままベッドにいましたが、そのとき、生まれてこのかた、ここまで深いところに入ったことはないと感じました。何か特別に深層の領域に浸された感じがしたのです。なんとなくフローティングタンクはそれを再現してくれる感じもあります。

もしも、あなたがそのように深く入り込めないとしたら、それは考え事が邪魔をしています。考え事とは、個人であるときに発生するもので、考え事をすることで人は個人にとどまります。考え事とは、個人の都合で発生するものなのです。考え事をして夜眠れなかったという体験があると思いますが、それと同じです。

家というものに意識的に取り組んでみる

精神はしだいに硬直して眠りに向かい、そして身体に埋没するというコースが４ハウスにあることを思い出し、月が４ハウスにある人はこの眠りにもっと意識的に取りくみ、家というものにもっとお金を使いましょう。気に入った不動産を探すことも大切です。自分にとってどんな環境がよいのかは、たいてい４ハウスのサインでイメージがわかります。

家に気のエネルギィが蓄積され、それを食べることで、あなたは健康になる。このためにどういう形が理想なのか考えてみましょう。

太陽がある場所は目覚めて活動する場所ですが、月がある４ハウスは、眠り込み、リラックスして、人間でなく哺乳動物に戻る場所です。安心できない人を家に招いてはなりません。たとえば見知らぬ人がトイレを貸してくださいとやってきても、その人は家の中に何か違和感のあるものを残します。ですから断るべきです。それが原因で心乱れることがあるかもしれません。

一方で、集団意識には複数の階層があるので、家族ではないもっと広い地域社会にシフトしたい人は、家でパーティを開くかもしれません。それはそれでかまいません。しかし、もっと深い宇宙空間、たとえば太陽系に開くというような場合には、家に人は来ないほうがいいのです。雑念があると眠れないというのと同じで、小さな集団性はより大きな集団性に向かうことを妨害します。

家にテレビがあることも、今の日本社会に開かれていることを意味します。日本社会よりもさらに広いところにつながりたいという人は、テレビを置かなければいいのです。ネットも、これは小さな社会としかいいようがありません。以前、インターネットが始まったばかりの頃は、ネットとは広い世界を覗かせてくれるものと感じていました。だが、結局人は変わりません。ネットによってこれまでよりもさらに閉鎖的な社会を作っている人がたくさんいます。オンラインサロンなどを作ったりするとこれはもう村です。

多くの人が月に支配されている現代

ネットが炎上することとは、それに参加している人たちが内面に飼っていた犬がいっせいに吠え始める状態です。それは「意識的に考えた結果」のものではありません。意識的になれなかったからこそ、心の中に住んでいる自動運動的な犬が吠えるのです。意識的な人は決して炎上させる側には回りません。集団になると、多くの人がとりつかれたようにおかしな行動をする。そして後で、どうしてそんなことになったのかわからないと言います。あのときはどうかしてたと。これが月であり、犬なのです。今はすべての人が監視しあう社会と言われ、ネットもそのように監視しあう体制になっています。フェイスブックでもみなが警戒して、軽率な発言はしません。ところが、匿名でいいとなると、多くの人が内心の犬を放してしまうのです。

わたしが思うに、こんにち、多くの人は昔よりももっと月に支配されています。これを「動物化する魂」と言います。これは退化というよりも、人数が増加したためにひとつ下の階層のことを人間と呼ぶようになったためであり、これは当然の結果です。ピラミッド構造では、下になるほど人数は増えます。そして、その層をターゲットにした企業は、必ずこの人々の好みや言動に迎合します。こういった人数が多い層がターゲットだとお金は儲かりますが、ベンツなどはこの低い階層を狙わず、つまり薄利多売せず、金持ちの少数を狙います。そのほうが確実性と安定性が高いからです。

すでに書いたように、わたしたちは月を外化（対象化）して、つまり脱ぎ捨て、自分の存在をもっと目覚めたところに置き、外化された月は身体のために活用するというのが理想です。月に包まれるのでなく、月の上に立つのです。豊川稲荷には、きつねの上に立つ女性の絵がありますが、これはそういう姿勢を表しています。工夫することは、眠りから覚めることだけです。易きに流れず、あれこれと工夫する。４ハウスの象徴する家について、もっと気合を入れ、興味を抱いてみるのがよいのではないでしょうか。

HOUSE 4

趣味に多額のお金を使う人で
楽しいか、楽しくないかと常に考え
人生では本能的に遊びをベースにしている。
しつけや訓練などを嫌う。

5ハウスの月

お金を失うことは、それと引き換えに
気の力を手に入れること。
月に飲み込まれると、
自分の悪癖を野放しにして生きてしまう。

失うことに喜びを感じるハウス

5ハウスは遊びや創造的な行為などを象徴します。2ハウスは所有を表しますが、5ハウスはこの2ハウスに対して90度の位置にあり、それは所有しているものを失うこと、あるいは放出すること、外に向けてぶちまけるのを喜びとすることを示します。

失うことの喜びというのは、実は女性にはあまり理解できない概念かもしれません。男性の性的な満足とは、結局のところ、この失うことの快感に従っています。そのため、男性は性行為のあとは脱力して、できるかぎり相手の女性から離れようとします。急に興味を失うことも多くなります。

女性の場合は反対で、性行為のあと、ますます相手に愛着を抱くと言われています。男性的な男性は、おそらく性的な行為の後は相手に対して嫌悪感を抱き、長居したくないと感じるでしょうが、そういう態度を見せない男性がいたとしたら、それは忍耐強い紳士的な男性です。よく女性は性的な行為の最中に演技をすると言いますが、男性はその後に演技をするのだと思います。

これらは性と愛という共存しづらいものを結びつけてしまった結果、何かと工夫しなくてはならないことになったからだと思いますが、女性の中にもテストステロン（雄性ホルモン）の強い人はいますから、放出することの楽しみということを理解する女性もいるのではないでしょうか。たとえば、お金を使って全部なくなってしまうと楽しいと感じる女性などです。

趣味に膨大なお金を使う

太陽は太陽系の中心にあり、そこから光を放ち、惑星はそれらを受け取ります。太陽は失うことが楽しいのです。でも、そのエネルギィ源は太陽系の中にはなく、より上位の宇宙にあります。上にあるものを下に流すのです。獅子座はこの太陽を支配星にしており、もともと5ハウスとはこの獅子座の場所です。かつて占星術では、男性は獅子座をシンボルにし、女性は乙女座をシンボルにすると言われていました。

2ハウスがお金だとすると、5ハウスはそれを失うことです。たとえば、競馬や競輪に行ってお金を全部すってしまい、無銭になって、電車の線路脇をずっと歩いて帰ることです。これも解放感はあるでしょう（個人的にはギャンブル体験はありませんが）。

あるいは5ハウスは趣味ですから、趣味に膨大なお金を使います。趣味でお金の計算をする人などはいません。わたしはオーディオマニアでもありますが、アナログのオーディオ趣味の世界では、お金に糸目をつけない人々が大勢います。アナログプレーヤーには500万円以上もするものがあるのですが、こういう高価なものであるにもかかわらず、数年先まで予約がつまっているという世界です。

5ハウスは投機を象徴するハウスでもあります。わたしの講座の生徒の中には、たくさん儲けて、そのすべてを酒代に使ってしまうという人がいました。作家の森博嗣は、ある本で、庭に鉄道を作ることに熱中しているので、作家としての仕事は1日1時間だけにすると宣言していました。

遊べるのか、楽しいのかをいつも基準に考える

月は、幼少期である0歳から7歳までにその基本的な資質が育成されます。その後は本人が意識することなく、自動的に働きます。

占星術での惑星は、月の上に水星、金星、太陽とまるで地層のように重なり、月はその地層の下のほうで動いていて、意識の表層に上がってきません。そのため、月はよく小脳や脳幹に関係すると言われます。

5ハウスに月があれば、その人は人生において本能的に遊びをベースにしているということになります。何をするときでも、何かを考えるときでも、それは遊べるのか、楽しいのかということを基準に考えています。

そして一番困ったことは、5ハウスの月はしつけや訓練などを嫌うことです。5ハウス

は吐き出すことに関係すると書きましたが、吐き出しはするけれど、外からは受け取りません。これは、自分で好きなことはするが、教え込まれるのはまっぴらということです。

そして月、つまり5ハウスで飼っている犬を放し飼いにすると、社会生活には適合できません。本人の持っている悪い癖や、コントロールしにくい習慣、あるいは思ったことをそのままストレートに言って相手を激しく傷つけてしまうなど、そういった性癖を野放しにして生きてしまうからです。

月は無意識的かつ瞬間的に反応します。人間の意識は目覚めるのに0・3秒かかると言われていますが、この0・3秒よりも速く月は反応します。わたしはよく冗談で、「やさしい人になりたいと願っているのに身体はソルジャーとして訓練された人がいて、この人に素早く近づくと瞬時に反撃される。それは月がソルジャーなのだから」と言います。ゆっくりと近づけば月も反応せず、相手は優しい人になるだろう、と。

気楽にのんびり過ごしたい

この5ハウスが野放図になるほど、次の6ハウスでは激しい制裁が待っています。しかし、5ハウスの月の人は、人生を気ままで奔放に気分よく過ごしたいのです。そのため、この5ハウスの月は、徹底して私生活だけで発揮して、それをおおやけに出さないようにしようとします。月を外に出すことは、部屋着のまま外出することに等しいのですから。それは傷つけられやすくなるということも意味します。

森博嗣のようにブルドーザーまで頼んで、庭鉄道が通るトンネルまで作る人は、決して5ハウス月の世界ではないかもしれません。なぜなら、本気で気合を入れて命をかけて取り組んでいるからです。月は気を抜いて、今までの習慣を変えず、安易に過ごします。この安易でゆるいものが月なので、芸能人としては優れていることもあります。

たとえばテレビドラマは、昔とくらべると複雑なストーリーのものは少なくなりました。それは視聴者にとって難しすぎて理解できないからだそうです。たった5分間目を離すと、もう筋がわからないテレビドラマは嫌われると言います。何か他のことをしながらのんびり見る。それでもわかるというのが重要なのだそうです。5ハウスの楽しみは、気楽に、のんびりです。この雰囲気を5ハウスの月の芸能人はナチュラルに発揮します。間抜けなギャグとかキャラクターを売りにしている人などは、5ハウス月の典型だと言えるでしょう。

無駄なことをしよう

5ハウスの月の人は、「真剣で苦しいことは嫌だ、イージーに楽しみたい」ということの性癖を自覚するとよいでしょう。わたしは犬ではない。わたしは犬を飼っている。つまり月の外化を考え、あらためて5ハウスの行為をすると、気の力がチャージされることを利用するのです。

月のサイクルは28日ですが、28日でできることなどたかが知れています。どんなプロジェクトもそれなりの時間かかりますから、28日程度で完成する軽いものが月の管轄であると考えてください。

たとえば本などでも、〝1日でなんとか〟とか、〝3日でできる〟とかがタイトルについているのは月に従っているということです。というのも、月は28日で1回転し、そしてひとつのサインを2・5日かけて通過します。言いかえれば、だいたい2・5日で気分が変わるということです。それほど速いテンポで移り変わるのだから、真剣にじっくりと取り組むものではありません。

遊ぶこと、趣味で何かすること。これを犠牲にすると、月の力のチャージは起こりません。5ハウスは失うことなので、趣味に無駄な出費をするなど、文字どおり無駄な方法を採用するのもよいことではないでしょうか。

お金を失うことは、それと引き換えに、気の力を手に入れるということでもあります。なぜなら、気の力とは物質ができる前のもの、あるいは失われた後のものだからです。物質は気に変換されるのです。これは量子力学で波動は粒子に、粒子は波動に変換されるということと似ています。

お金を無駄に使う人は、比較的元気です。馬鹿をやってしまったという人で、沈んでいる人はあまりいません。一方で、モノや金が増えると、人はモノや金に似てきます。

6ハウスの月

職場や仕事にリラックスした気分を感じる人。
変調をきたしやすい敏感な体質で
何か異変があると身体にその影響が出やすい。
気分や感情がホルモン分泌に強く作用する。

使われることに慣れて
そこに安心しようとするが、
それがその人を損なうことも。
毎日が違う1日だということを強く意識しよう。

職場や仕事にリラックスした気分を感じる人

6ハウスの月の人は、6ハウスの中で眠りこむことが多くなります。6ハウスというのは、働いたり、訓練したり、人のために役立つようなことをする場所です。つまり自分を道具とすることに関係します。たとえばここに土星がある人はずっと真面目に働くので、もし企業の人事の人が占星術を知っていたら、働き者だけを採用することも可能です。6ハウスを見ればいいのです。

ただ、6ハウスは、「人間は自然体のままではいけない、訓練して作り変えることで初めて使い物になる」と考えるので、自分を痛めつけます。そのため、6ハウスが強い人ばかりが会社にいると、なんとなく暗い感じにもなります。『釣りバカ日誌』のハマちゃんのように働かない人が少しくらいいたほうが会社にはよいのではないでしょうか。この働かないで、好きなことをしているというのは、もちろん5ハウスです。もちろん両方うまく使い分けている人もいます。

ここに月がある人は、職場や仕事にリラックスした気分を感じるので、日曜日でもふっと気がつくと、会社の前にいたというような人もたくさんいます。中年の男性にありがちな話ですが、職場が日常の暮らしの場になって、ときどき自宅に「こんばんわ」と訪ねて行くような人になる場合もあります。そのような人は職場の同僚と食事に行ったりするの

HOUSE 6

がとても楽しく、同僚を○○ちゃんなどと、ちゃんづけで呼んだりします。

労働ロボットのような側面も

6ハウスは職場だけでなく、自己改造、訓練、鍛錬、修行、整備、健康管理なども表しています。自然体のままということでなく、何か作り変えていく、訓練していくということですから、ここに眠りと日常化の月があると、たとえば毎日ジムに行くのが日課になっている人ということもあるでしょう。

月は繰り返しの中で意識が眠り込んでいくことですから、ジムに行く人は、それを続けることでこの行為に無自覚になり、それの依存症になります。そしてこの繰り返しの中で、自分の人格を作っていきます。人格とは、眠りながら繰り返された行為の中で、その鋳型が作らせていくものなのです。

もしも自覚と目覚めがほしいなら、この眠りながら動く機械を止めてしまわないとなりません。グルジエフは、目覚めのためにはもっとも大切なものを捨てるとよいと言いました。彼の場合は催眠術に熟達していて、骨の髄までそれに浸されていたので、ある日、それをやめる決意をしたのです。

6ハウスの月の人は、この6ハウスで眠るということで、言うなればずっと仕事を続けること自体に眠っていることも多いでしょう。はたしてそんな人に仕事を任せることができるのでしょうか。というのも、ボーッとして同じことを繰り返す作業はできますが、注意力が働いていないので、うっかりミスをしてしまうこともあるかもしれません。ずっと繰り返していたあげく、意識がそこにあらずとなり、結果として重要な局面で仲間の足を引っ張る結果になるということもあるでしょう。

高速道路で、ずっと同じような景色が続く中を運転すると、運転者を眠気が襲って事故を起こしやすくなります。そのため、道路にランダムに膨らんだ部分を作り出し、車が乗り上げたときに不規則な音が出るようにしてあります。プログラムされたことは続けられる。しかし、不測の事態では判断できなくなる。これが月の特性です。ということは、これはＡＩのロボットが作業しているような感じかもしれません。そうです、月はロボットであると考えてもいいのです。

未来にはロボットが増えてゆき、多くの単純作業はロボットがするようになると言われています。今まで人間がしていたことのかなりの部分をロボットが担当していくようになる。こういう場合に、６ハウスの月の人は、労働ロボットのような面もあるので、仕事が減りやすいかもしれません。

仕事をしているふりをして、怠慢であることを隠す人もいます。手作業や身体で動かす作業を黙々と続けることで、感情や思考はまったく前進していないのに、前進しているふ

HOUSE 6

りをする、自分は何か意義のあることをしているのだと思い込むのです。それならまだごろごろして考え事をしている人のほうが勤勉です。

気分や感情が身体にすぐに現れる

6ハウスは健康に関係しますから、ここに月があると、月は惑星よりもひとつの下の次元にあるために惑星の影響を拒否できず、すべて受け取ってしまうので、変調をきたしやすい、敏感な体質を作り出します。健康問題について考えるときには、わたしはいつもその人のホロスコープの月を見ます。月はこの精神や感情の影響を受けて、そのまま身体に伝えてしまう触媒的な作用なので、「病は気から」という考えは、月の作用のことを述べているのです。何か異変があると、この人は身体にその影響が出やすい人だと考えてもいいでしょう。

一方で、6ハウスに月があるというのは、敏感であると同時に、精神や感情がそのまま身体に伝わるということなので、気分が楽しくなるとすぐに身体にそれが現れることにもなります。犬を撫でると人の脳内にオキシトシン（ストレスを緩和するホルモン）が出ると言います。このホルモンは月に関係しています。また楽しい気分でい続けると免疫力が強まるという話もあります。とくに6ハウスの月の人では、気分や感情がホルモン分泌に強く作用するのです。

月は繰り返しの中で眠り込むことで安心を得るのですが、同時にこれが意識を鈍化させます。そのために、何かの繰り返しの訓練をしているときや、あるいは毎日同じルートを使って通勤するなどというときに、その行為そのものに常に思考と感情とを連動させることをすれば、眠り込むことなく、さらにこの6ハウスに気の力、生命力をチャージすることができます。たとえば、通勤時、いつも同じ時間の同じ電車に乗るときに、電車の形、乗ってくる人、道筋などに、感情を働かせる、すなわち感じて楽しむということをしてみたらどうでしょうか。

引っ越ししたてのときはとても新鮮で、何か自分の新しい可能性が開くように感じますが、慣れてくると、今住んでいる街のこともわからなくなります。すべて普通になってしまうのです。これはこの街の中に吸い込まれて、この街の中で死んでいることを意味します。違和感があり、新鮮であるということのほうが大切なのです。

よくわたしが感じることですが、自分が身体を持ち、この場所に生きているということに驚き、それを不思議と感じて、とても楽しい感じになることがあります。どうしてわたしはここにいるのか。いったい誰がそれを意図したのか。そもそもどうして自分は人間なのか。そうしたことをわたしは、かなり頻繁に感じるのです。歩いているときに、周囲の風景が動いていく。なぜ？　これもよく感じます。月の習慣化の中に入ると、こうしたこ

HOUSE 6

とは感じなくなり、すべて当たり前の日常になっていきます。そしてそれは意識や知覚を大きく損ないます。

使われることに慣れてそこに安心する

６ハウスの月の人は、仕事に目覚め、健康に目覚め、訓練するときも、毎日同じメニューでも、毎日が違う1日なのだということをもっと強く意識しましょう。実際、ランニングしている人にはわかると思いますが、コンディションが毎日違うことに驚きます。「先週のあの曜日のときのようにしたいが、それがなかなかうまくいかない」など、ただ走るだけなのにまるっきり同じにはできないのです。

自営業の人ならば、仕事のリズムはすべて自分で管理します。そして飽きないようにいろいろと工夫をします。仕事は決まった時間に始めるなど、かなり厳密なルーチンがありますが、ときにはこのルーチンが自分をダメにしそうなときがあり、そのときにはわざとパターンを崩してみると急に活力が出ることがあります。６ハウスの月の人は、仕事に関して、ルーチンがある人が多いと思います。ルーチンとは月だからです。ルーチンは、いつもの仕事を安定させますが、さらにそれ以上のものを望むときには、足かせになります。ともかく、ああでもないこうでもないと、労力を惜しまずにあらゆる可能性を試してみるのがよいでしょう。

6ハウスの月は従業員根性というか、使われることに慣れて、そこに安心しようとする人も多く、腰を低くすることで保身しようとすることも多いと思いますが、月はそこに安定した家を作ると同時に、そのことでその人を損なうという面があることを忘れないようにしましょう。

親密すぎる関係の人がいることが多く
その身近な対人関係が
その人の社会への扉を封じてしまい
社会的な発展にブレーキをかける傾向がある。

7ハウスの月

他者の影響を受けすぎてしまい
感情、思考、健康、生活リズムが不安定になるが、
他者との関係によって元気にもなれる。
対人関係の距離を意識的に考えるのが大切。

7ハウスは社会の入り口

7ハウスの月はとてもやっかいだとわたしは思います。

7ハウスとは結婚、協力関係、対人関係などを表します。社会とは人と人の集まりですが、その社会への入り口となるのがこの7ハウスであり、社会の頂点にあたるのが10ハウスです。

日本社会はノミニケーションが盛んで、このノミニケーションだけで仕事を取っている人もたくさんいます。たとえば、わたしはある著作家の本を読んであまり面白くないと感じましたが、それでもその人は次々と本を出しています。実はあまり売れていないにもかかわらず、その人がずっと出し続けているのはどうしてなのかと考えたことがあります。実は彼には親しい編集者がいて、その人が個人的に本を出したいということだったのです。彼らは頻繁に、明け方までノミニケーションをしています。つまり、ノミニケーションなどの対人関係を表す7ハウスは社会の入り口、いわば社会というピラミッド山の登山口だというわけです。

月は地球の周りを回っており、他の惑星のことはまったく考慮していません。これは常連だけが集まっている飲み屋さんで、知らない客が来ると反感の目を向ける、その常連みたいなものです。7ハウスは対人関係ですから、ここに月があると、家族的で親密な個人

HOUSE 7

のテリトリーの範囲内へと踏み込んだ対人関係が発生するのです。地球の周りを回転する月、主人の周囲をぐるぐる回る犬は、知らない人がくると思わず噛みつくというわけです。

月は家族的な親密さを持っていますから、この7ハウスの月の人には、あまりに親密すぎる関係の人がいることが多いようです。一番多いケースは、いい大人なのに母親とべたべたしているというもの。実際、30代半ばの女性なのに、夕方になると、毎日2時間ほど郷里の母親と話をしている人がいました。この近すぎる関係の母は、社会性というものを理解しません。そこで、東京に住んでいるその娘に、「こんど家を新築したから、仕事なんかしてないで、帰っておいでよ」と言ったりするのです。

他の惑星に噛みつくというように、この7ハウスの月では、個人のテリトリーを侵害するほど身近な対人関係がその人の社会への扉を封じてしまい、社会的な発展にブレーキをかける傾向があります。入り口で固まって、動かないのです。

わたしは朝日カルチャーセンターでもう何年も教えていますが、参加者全員に「2年くらいしたら、もう来ないでほしい」と言ったことが何度もあります。狭い対人関係の輪、固定的な常連の輪ができてしまうと、活動ができなくなってしまうからです。でも、7ハウスの月の人はこんな冷たい態度を取らず、一緒にトイレに行くような間柄の人が自然とできてしまうのでしょう。

受けすぎる他者からの影響

不思議なことに、7ハウスは対人関係のハウスであり、人に対して開かれているはずなのに、ここに月がある人の中に引きこもりの人が意外に多いのです。そのことにわたしは驚いていましたが、考えてみると、それは当たり前のことなのです。月は自動化されて無意識になります。そして意識的にコントロールできなくなります。そのため、7ハウスの月の人は他者の影響を受けすぎてしまうのです。感情、思考、健康、生活リズム、これらが相手の影響を受けすぎて不安定になるのです。

たとえば、大食漢の友達と一緒に食事をすると、自分も食べすぎてしまい、あとで吐いたりする。自分はもう食べられないと言えないどころか、気分がもっと食べたいという方向に、つまり相手の感情に同化してしまうのです。他者の影響を受けないわけにはいかず、それによって自分のリズムが壊されてしまうのならば、いっそ誰ともつき合わないほうがうまくいく。そう考えて引きこもりになるのです。月が7ハウスの人は、対人関係が盛んと思うかもしれませんが、防衛するために関わりそのものを絶ってしまう人もいるのです。人生の可能性を開くのは太陽。そして月は人生の土台。しかし自覚のない土台です。

7ハウスを絶って、太陽の可能性に賭けるという形の防衛というわけです。ただ、7ハウスは社会への入り口であり、いわば登山口ですから、ここを封じると、社会活動の可能性

HOUSE 7

も封じられます。

そんなことをせずに、7ハウスをもっと意識的にコントロールできるようにすればいいではないかと思うかもしれませんが、そんなに簡単ではありません。月の傾向を作り変えるのは至難の業です。月は0歳から7歳くらいの間に育成されますが、その頃のものはもう識域下に入ってしまい、そのパターンを書き換えるには、長年同じことを繰り返してパターンのリライトをするか、あるいはもう一度〝幼児教育〟をすることで書き換える必要があるのです。月の部分を書き換えることができたら、手相に変化が起こります。手相に変化があったら、それはもう新しいスタイルが定着していると見てもいいでしょう。

気をつければなんとかなるというレベルではありません。7ハウスの月の人が他者から振り回されすぎないようにしようと心がけても、それができるには10年ほどはかかってしまいます。それは月が眠り込んでしまい、意識的な努力が欠落し、気楽さに流れてしまうからで、気がつくと親密な関係の中で自分のテリトリーが壊されてしまっています。また、新しい習慣を作る前にリバウンドしてしまう可能性も大です。

まずはなんとかしようという以前に、この7ハウス月の人は、人との距離感が近いことを自分ではわかっていないかもしれません。人との距離感を作るのが最高に上手なのは天王星です。それはホメオスタシス的恒常性を断ち切り、人を孤立させます。孤立するつど、さらに大きな範囲で薄くて軽い対人関係が広がっていきます。広い関係を作るには、身近な濃すぎる関係を薄めなくてはならないからです。

他者との関係で濃密になる気の力

月は気の力をチャージするということで言えば、この7ハウスの月の人は、他者との関係によって元気になります。人との関係を惑星と惑星の関係というところに構築せず、超狭小レストランで膝を突き合わせて食事をするように、地球の周りを回る月との詰めた間合いで構築するので、気の力も濃密になります。それはいいことなのですが、もっと広い範囲に出ていくためには、あるいは意識の目覚めのためには、その妨害にもなっているということも知っておく必要があります。

あなたの犬は7ハウスにある。自分が誰かにまとわりつく犬になるか、あるいは自分にまとわりつく犬がいるか、ということです。月の外化はこれを拒否するのでなく、意識的に吐き出して、そして相変わらず対人関係で気の力をチャージしつつ、そのことを見るということです。この「見る」というのは、「自分は今こう感じている。こう感じているのは、感じていることであり、それがわたしそのものというわけではない」と考えることです。

たとえば、わたしは疲れている。しかし疲れているのは身体であり、つまり疲れているのはわたしではない。わたしはこう感じている。しかし感じているのは感情であり、だから感じているのはわたしではない。わたしはこう考える。しかし考えているのは思考であり、思考はわたしではない。というように、自分をあらゆる事象から引き離す練習です。世界の中にあるあらゆるものから離れていく。「哺乳動物は世界の中にある。しかし人間は世界の外にあり、神のそばのアントローポスである」というのがグノーシス思想ですが、感じたり、思ったりすることに自己同一化すると、それは世界の外ではなく、中にある生き物となるということです。

対人距離を意識的に考えてみよう

心理学者の河合隼雄は、日本人の中空構造ということについて本を書きました。これは、日本ではすべての中心は中空構造であり、諸事はその周囲を回っているというものです。世界の動きはいわば陰陽の関係で作られています。しかし中心は陰陽でなく、そのふたつをぶつけたところでできる中和原理です。実はカバラの思想などもそれと同じなのです。日本では天皇が中心にいますが、天皇は実務をしない。西欧では、王は陰陽の陽の側を担っていたりします。日本では社長は何もしない。そこで初めてナンバー2の人は能動的に働くことができる。社長は「うん」としか言わない。でも、最近はこの日本の中空構造、本当の意味での日本の軸構造が失われつつあり、トップは能動的な陽の側になったということも考えられます。中空の人は、より上位のものを持ちこみ、この膨大なエネルギィが能動的に活動する人に強力なパワーを与えています。でも、この中空的な頂点が不在で、社長ががんがん働くようなところでは、やがて活力は枯渇するし、そもそも自分の行き先のヴィジョンが目先のものになり、長い目で見ると失敗するのです。

頂点は中空であり、陰陽のどちらでもないというのは、グノーシスの「人間は世界の外にある」というのと同じです。

この力を取り戻すために、「わたしはわたしがしていることを見ている」。さらに、「わたしはわたしがしていることを見ているわたしを見ている」というような練習をするのです。そして自我の色かぶりをなくしていくのです。月は色かぶりが濃すぎて、もう自我も息絶えつつあるという段階の意識ですから、それを「見る」、「それはわたしではない」と思うことはとても大切なのです。そうした行為に対して、月は寂しく感じます。でも、自己同一化してしまうと、一緒に眠り込まざるをえないのです。

対人関係の距離を意識的に考えるというのが7ハウスの重要な点検項目です。

8ハウスの月

感情がディープになりやすい人で
感情がテリトリーを破ってしまう。
一方で、物質的に影響を与えられるほど
濃い気のエネルギィを蓄積することができる。

月に対して無意識であると
深刻な感情にとらわれる。
しかし、それを外化すると
強い濃密な気の力を活用できる。

依存やパラサイトを表すハウス

8ハウスは依存すること、贈与を受けることなどに関係します。基本的にパラサイトを表すハウスで、先人の業績を受け継ぐことや遺産、あるいはまた死も意味しています。外から何かを贈られることは、人格の境界線の外との関わりということで、死の意味が出てくるのです。

たとえばお金に関して言えば、2ハウスは自分で儲けますが、ホロスコープの対抗にある8ハウスは自分で稼ぐのではなく、もらうのです。7ハウスの意味は対人関係や結婚ですが、関わる相手にとっては1ハウスを意味します。同様にこの8ハウスは相手にとっての2ハウスに相当し、相手の収入能力を意味するのです。ただし外部から来たものを受け取るには、個人として閉鎖的に閉じているわけにはいきません。というのも、何かもらうときには、かわりに違うものを支払わなくてはならないからです。2ハウスはもともと牡牛座の場所で、これは土のサインで物品を意味します。一方の8ハウスはもともと蠍座で、これは水のサイン。つまりは感情、愛情、情緒を意味します。つまり、お金をもらうかわりに、自分の側は愛情を支払うことになるのです。

8ハウスが死、あるいは死と再生に関係しやすいのは、自分とは違う何かに心を捧げ、そのことで自分という個人的な人格がクラッシュし、あらためて共同的な人格が再構築される体験をするからです。つまり、ここでいう死とは、実際に死ぬことだけでなく、心理的な死、象徴的な死という意味でもあります。

だれもが育った環境が違うので、結婚生活などの共同生活では、自分の習慣や考え方、好みを維持するのが難しくなります。互いに衝突すると、深刻なことになりがちで、だれもがそれまでの自分を〝死なせ〟なくてはならない。共同生活をするとは、そこまで大変なものなのです。

12ハウスは誰ともかかわらずに孤独に生きることができますが、8ハウスは誰かと、あるいは組織でもいいのですが、とことん関わることになるので、困ったときにはひとり逃げ去るというのができないのです。そして逃げないでいると結局、いままでの人格が死ぬのです。

とはいえ、8ハウスが強い人でも孤独に暮らしている人はいます。この場合は、8ハウスとは死、あるいは死の彼方を表していて、死んだ誰か、あるいはまだ人間になったことのない異界の存在などとのコンタクトも表しますから、目に見えるところでは孤独であっても、目に見えない誰かとずっと関わっているというケースです。これは特殊な話に見えますが、しかし実は日本人にはそういう異界の存在や死者を受け入れている人がたくさんいます。たとえば夫が早く死んだ未亡人を調査すると、アメリカの女性は夫が死ぬとパニックになりますが、日本の女性は冷静なのだそうです。というのも、日本では多くの未亡人が、夫はそばにいると言うのです。こういうふうに考えると8ハウスは、何か深淵の近くにあるようにも見えてきます。

濃くなりすぎる月の感情

ところで、8ハウスの意味を依存やパラサイトと書きましたが、これはもともとの8ハウスのサインでもある蠍座が生命感覚を表し、強い実感が蓄積していくことで生きている充実感が高められることに関係しています。誰でも自分が空虚だと感じたとき、それを何かで満たそうとします。この満たそうとするものとは生命感覚なのです。依存症とは、この生命感覚を満たしたいがために、身近な何かに浸ってしまう傾向のことです。アルコール依存、恋愛依存、性依存、過食などは、それによってエンドルフィンを得ようとする行為なのですが、実際は依存症の人はエンドルフィンがあまり手に入りません。だからこそ、執拗に繰り返すのです。そういう点では、8ハウスは依存症を作り出しやすいと考えてもいいでしょう。

月は自動化され、本人が自覚しないまま動く機械のようなものです。となると、この8ハウスの依存、贈与されること、何か外部のものに張りつくという行為が、ほとんど無意識に行われているということになります。加えて深淵の際にいることは、月の示す感情がディープになりやすいということです。月は、惑星よりも次元がひとつ下にあり、月の感情とは暗くエゴイスティックです。ひがみ、妬み、恨みなども大量に含まれています。これを内面で同化すると困ったことになるのは当然ですが、何度も言うように、外化すると物質よりも高度な振動のものとなるので、それが身体に強い影響を与える触媒的な作用をするのです。

月が８ハウスにある女性でこんな人がいました。息子と娘がいるのですが、彼らが給料日になるとその給料全部を奪って、すぐにパチンコでなくしてしまうのでした。８ハウスは「もらう」を意味すると書きましたが、もちろん、それが強引だとこれは「奪う」という意味になるのです。それを相手が拒否できないのは８ハウスの月の人が怖いからです。月の感情が濃くなりすぎると他者の目には怖く見えるのです。ここに８ハウスの月のとても悪い面がありますが、一方で突き放して考えてみると、ここには８ハウスの月の強さも見て取れます。

濃い気のエネルギィを蓄積

８ハウスのイメージは狭い壺に入ったような、あるいは暗い井戸に入ったような感じですから、そこに重苦しい月の感情があるのはずいぶんと閉鎖的ですが、その反面、物質的に影響を与えられるほど濃い気のエネルギィを蓄積することができるというよい面があります。感情は繰り返すとしだいに濃密になり、重くなり、そして物質に近づきます。あまりにも重すぎて、自分の内面に抱え込むことができなくなった段階で、その人はそれを外界に嘔吐します。すると、それは外面的に見える何かに変化します。

達磨大師は壁に向かって9年間瞑想し、身体の中で気を練って、それがやがて硬くなり、第二の身体を作ったと言われています。この分身が十分に育った後に、それに乗り換えたのだと言うのです。もちろん、わたしはこの第二の身体が物質的な肉体だとは思いません。むしろ濃密な気の身体です。こんなことができるのは8ハウスの月の人です。

9年間も壁を見ているのは退屈だろうとほとんどの人は思うでしょうが、実はあまり退屈ではないと思います。なぜならば、月が示す気、エーテル体を対象化できる人は、壁にいろんな映像を見ることができるようになるからです。まだテレビもない時代、水晶球をテレビのように見ていた人がけっこういたのです。僧侶が楽しく水晶球を見ている18世紀頃の絵が残されています。これは水晶でなくても、黒い壁でもいいのです。できれば無地がいい。インディアンは砂、ヒンドゥーでは黒い液、デルフォイの巫女は水盤、チベットは湖の水などを伝統的に使っています。達磨大師は、世界の情勢を、壁で見ていたのではないでしょうか。

閉鎖的ではあるが、対象に深く入り込み、限界を突破してその向こうに行く。これが8

ハウスであるため、月がそれを無意識に実行すると、感情がついテリトリーを破ってしまい、入り込みすぎたり、入り込まれすぎたりします。そして子どもたちの給料を全額奪う母の例のように、押しつけたり奪ったり脅したりすることが習慣化してしまう場合もあります。誰でも人間には自分のテリトリーを守りたいし、人のそれも守ろうとする節度がありります。しかし月は知らず知らず、この壁を破ってしまい、触れてはならないようなことに触れたりします。

死者探索を教えているブルース・モーエンは、妹を殺されるという悲惨な経験をしました。ブルースの８ハウスには若い女性を示す金星があります。つまり今でも死後の妹と交流しているのではということになります。月は幼少期の子ども、動物っぽいものを表すとしたら、これらとの交流がしやすいということにもなるでしょう。

動物との意思疎通ができる!?

月は犬、あるいは哺乳動物にたとえるといいと書きましたが、最近、動物と話ができるハイジという女性のことがテレビで話題になっているようです。動物は言葉を持たないので、そのまま人間のように考えることはありません。しかし少なくとも感情はとても豊かです。そして犬は人間の８歳くらいまでの知能は持っているのです。わたしが子どもの頃に、家で犬を飼っていましたが、家族で話をしているとき、犬はそっぽを向いていましたが、会話の中に自分の名前が入ると耳がぴくっと反応していました。知らないふりをして、耳だけは反応していて、会話を盗み聞きしているのです。

壁を突き破って入り込む性質の8ハウスに月があると、動物との意思疎通ができるというケースもあるのではないかと思います。それは言葉でなく、非言語通信に他なりませんが。猫が空中の何かをじっと見ている。そこには何もないのに。こういうときに、8ハウスの月の人は、何を見ているのか理解することができるでしょう。自然体のままではなく、練習すればという条件つきですが。8ハウスは理屈として1ハウスから210度の角度にある場所で、これは改造や訓練を意味する角度です。改造というのは、すでに説明した死と再生の意味です。

8ハウスの月に無意識であると、深刻な感情にとらわれます。しかし、それを外化すると、それは強い濃密な気の力を活用できるようになります。この違いを覚えておきましょう。ある本では、月を引き寄せの力であると説明していますが、引き寄せとして使うことができる人は、すでに達人の域に入った人です。たいていは、引き寄せられ、吸い込まれてしまいます。そしてそこから抜け出せないのです。抜け出すには、それを認識する、見る、自覚することが必要です。そこで初めて引き寄せ力として変換できるのです。

HOUSE 8

9ハウスの月

本が好きという人が多く
旅行も半ば無意識的に行い
海外でリラックスできる。
閉鎖的になることは少ない。

紋切り型の言葉や居心地のいい思想が目立ち
精神の上昇を師について行くことで
体得しようとすることも。
海外のどこかを故郷と感じる。

気がつくとどこか外国の町にいたり……

9ハウスは精神、思想、教養、宗教、海外などを表しています。もともとが射手座の場所で、射手座は火の元素、柔軟のサインであり、ぶつかり合う摩擦熱を取り込みながら火が上昇していく光景です。そもそも火というのは精神性を表します。上昇していくのは、向上していくというイメージで考えましょう。

9ハウスは学校でもあります。学校では生徒は進級します。このように9ハウスではグレードアップしていくので、じっと同じことを続けるのは好みません。どんどんスキルアップしていきたがるのです。

月は無意識化して自動的に働きますから、この9ハウスにおいても比較的無自覚になることが多くなります。もちろん、ここに他の惑星がある人もたくさんいますから、そうなると、事情は変わってきます。

コラムニストのスタパ齋藤の常套句に、「気絶して気がついたら、両手に買い物袋をさげていた」というのがあります。9ハウスの月の人は、気絶して気がついたら書店から出るところで、手に数冊の本を入れた袋を持っていたということになるのでしょうか。9ハウスは教養に関係したハウスなので、本が好きという人はたくさんいます。

この「気絶して気がついたら」というのは月の特徴です。月は意識的ではなく、自動運動ですから、ボーッとして気がつくと、学校、書店、海外にいるというわけです。

3ハウスは国内旅行を意味するので、3ハウスの月の人は、首都高を車で流すのが好きとか、近所をウロついたりとか、新宿の飲み屋街を撮影していたり、乗り鉄だったりしますが、9ハウスの月の人は、気がつくと、クアラルンプールのブキビンタンのアロー通りで屋台料理を食べていたり、アボリジニーのソングラインをお遍路さんのように追跡していたり、マンハッタンの公園でランチボックスを食していたりします。この場合、計画的で意識的にというのではなく、夢遊病のようにというのが月です。そのため、旅は半ば無意識的に行われ、リラックスして気を抜いています。

馴染んだ分野の中でのグレードアップ

9ハウスの象徴する思想、教養は、月の場合、馴染んだものを繰り返します。新しいものを習得することは月が嫌いますから、狭い範囲のものを繰り返す傾向があります。9ハウスなので常に成長しようとしていますが、それは馴染み親しんだ分野内でのことです。

月は「分（ぶん＝身分や分際、程度）」を表すとよくわたしは説明します。たとえば、月と金星は普段着とよそ行き、あるいはご飯とおかずのような関係です。自分の「分」の領域というのは人によって違います。繰り返された結果として、その人の分になったのです。分とは当たり前になり、本人だけがそれに気がつかないものになっているものです。

家庭の習慣も、よその家庭と比較しないことにはわかりません。家には特有の匂いがありますが、その家の家族だけがその匂いに気がつきません。海外に行くとその国の匂いがあり、どこの国もわたしには甘い匂いと感じられるのですが、ロンドンには腐臭があると思いました。それはウエストミンスター寺院から漏れ出ているものです。それでも、きっと長くいると感じなくなるのでしょう。2週間もいればもうわからないかもしれません。

月はこのように無意識化されるのが特性で、本人だけが気がつかないので、それに気がつくには、他の月と比較してみるとよいのです。9ハウスは、摩擦の火。つまりぶつかり合い、戦ってグレードアップします。つまりは、他の特性を持つ月をぶつけてもいいのです。

たとえば比較人類学などというといかにも9ハウス的です。違うものをぶつけているからです。牡牛座の月が9ハウスにある人がいました。この人は編集者で、料理の本ばかりを出版していました。出版は9ハウスが示しています。でも、9ハウスには比較し、ぶつけるという意味がありますから、料理のいろんな流派を扱うことになるでしょう。

月は閉鎖的な家であると考えるといいのですが、9ハウスは拡大し、上昇させたいという衝動があり、そのために閉鎖的に閉じこもるということは少なくなります。月を身体の周囲の気の卵というふうに見れば、この9ハウスの月は、空に浮かんでいく風船のようなものです。ただ月は眠りであり、新しい発見などを生み出すものではないので、9ハウスで新説を発表するとか、新しいものを生み出すということはありません。月は常に受け入れること、惑星に従うことを表しますから、誰かの思想を信奉したり、ある著作家のファンだったりします。これは編集者としてはよいのではないでしょうか。ごくごくまれに、著作家を仕切る編集者を見たことがあります。しかしこれならその人は著作家の側に回ればいいのです。

９ハウスの月の場合は、決まり切ったフレーズや居心地のいい思想が目立つので、それは安易であると言われる場合もあります。月は記憶し、それを実行するが、新しいことは考えない。その点では外部から新しいプログラムがなされると変化しますが、その前にまずは変化に対して抵抗し、傷つきます。

安易であるが、少しずつグレードアップしようとしている月は、９ハウスが宗教・思想ということで、誰かの弟子になることもあります。つまり精神の上昇を、師について行くことで体得しようとしているのです。そして海外のどこかを故郷と感じます。

上昇する精神を好む月

こうした９ハウスの月の特徴を本人が一番自覚していないのですが、それをもっと意識的に考え、うまく扱うといいと思います。外化するとは、それを見ているという状況です。

たとえば、ある人は月が牡羊座にあり、この月には他の惑星とのアスペクトがありませんでした。この人はよく勘違いをして、そして急に感情が爆発することがよくあるのですが、本人は冷静なつもりなのでした。つまりはまったく無自覚なのです。他人から見ると際だった特徴ですが、本人からするとそれはゼロなのです。これが月と言えます。

月にトランシットの土星が重なるのは、29年に一度あります。このとき、たいていの場合、感情が沈滞し、退屈になり、どうして自分がこんなことしなくてはならないのかと思えるような繰り返し作業や退屈な作業をするはめになります。実はこれは自分としてはあまり重きを置いていなかった自分の妙な癖、つまり月の癖を矯正しなくてはならない時期だからなのです。本人が重視していなかったが、しかし決して軽くみるべきでないことをさせられているとき、本人からすると価値のないことをしているように見えてくるのです。自分だけがひどい目にあっていると思い、価値のないことを続けるのは退屈で楽しくない。しかしここで単調作業が案外悪くないと思えば、少しずつ月の無意識化されたロボットの部分が意識に上がってきていると言えます。

9ハウスの月は上昇する精神を好む月ですから、紋切り型の肯定的なアファメーション（自分自身にする宣誓や約束）などを持っています。でも月は感情としては重苦しいレベルなので、9ハウスで肯定的なスローガンを持ち出せば持ち出すほど、その裏に、その考え方に反対する人への悪意のようなものも見え隠れすることになります。

10ハウスの月

セレブのイメージを模倣しようとし
地位のある人、金持ち、有名人などを重視。
その結果として外見に騙されがち。
過去の成功例をまねることが上手。

自分の評判をひどく気にし
立場を守ろうとして警戒心が強くなる。
評判を落としそうなものには近づかないので
逆につまらない人と値踏みされてしまうことも。

縦社会の価値観を持つ人

この人物は10ハウスに犬を飼っていることになります。意識的な場合には「飼う」ことですが、意識的でない場合には「自分の一部が犬である」と言えます。

10ハウスはホロスコープのハウスの頂点にあり、いわば山のてっぺんです。これは地域社会や集団社会においての、ひとつの頂点的なものを表し、見晴らしがいい場所です。社会をピラミッドと見たら、このピラミッドの頂点には社長やセレブや金持ちなどが住んでいます。

中沢新一は著書『アースダイバー』で、金持ちは高台に住み、そして商売の場所は縄文的な低地であると書いています。この縄文的な低地というのは、縄文時代に海だった場所のことを表し、そういうところでは雑多な文化が広がります。たとえば世界で一番通過する人が多いと言われる渋谷の駅前は、縄文の海のどん底です。あるいは歌舞伎町のような場所も縄文的湿っぽい場所で、かなり低い土地です。ホロスコープの地平線を平地と見ると、お金は地下の2ハウスです。そして社会的な立場としては10ハウスの高地にいるというのが、この中沢新一的イメージでしょうか。

では、この高地の10ハウスに月を持つ人はセレブかというと、むしろ、セレブの犬と言ったほうがよいでしょう。月はコピーしかできないという点で、いかにもありきたりのセレブのイメージを模倣しようとします。あるいは有名人に尻尾を振るとか、権威に弱いとか、いかにも名士風に振る舞うといったことをしてしまいがちです。

そもそも10ハウスと反対の4ハウスを貫く軸は子午線と呼ばれ、これは縦社会を示しています。縦社会というのは、地位が上の者、つまりお上に従う世界のことです。価値観がそのようなところで組み立てられているので、地位のある人、金持ち、有名人などを重視し、その結果として人の衣服などの外見に騙されたりもします。10ハウス的なものの見方の人がスティーヴ・ジョブズを見たら、「どこのおっさんか?」という扱いをしてしまうのではないでしょうか。日本では縦社会というと、わたしは江戸時代の社会構造を思い出します。そして日本人で10ハウスの月の人を見ると、どこかに江戸時代の匂いを感じます。

社会的な地位や評判を気にする

10ハウスは経歴や仕事上の立場などを表しますが、月はコピーするので、この人は過去の成功例をまねることが上手です。たとえば、よく売れた本にそっくり似せたタイトルの本が続々と出たりしますが、これに似ています。これは努力しなくていいという意味にもなります。すでに成功した例をまねるということは、失敗するリスクが少ないでしょう。ただし、これは恥ずかしい行いとも言えます。自分のオリジナリティを重視する人は、こんなことは一番したくないことだと言うでしょう。

わたしは高校生の頃、グスタフ・マーラーに熱中しましたが、マーラーは作曲家でありながら有名な指揮者でもあり、10ハウスに月がありました。作曲家としてのマーラーではなく、指揮者としてのマーラーは10ハウスの月です。なぜなら、指揮者は他者の曲を演奏するからです。これはある種の模倣行為と言えます。その点では、翻訳家も、誰かの本の内容を忠実に違う言語にコピーします。このようにコピーや輸入というのも、10ハウスの月です。海外で成功したものをそのまま日本に持ち込むようなこともそうです。

月はリスクを回避する。新しいことはしません。心が広いわけでもないので、馴染んだものだけを受けつける。この点で、この人の10ハウスは安心ではあっても、安易であるのです。もちろん、葛藤している人もいます。たとえば、1ハウスに太陽があるのに、10ハウスが月の人の場合です。明らかに1ハウスの太陽は創始創業の人です。それなのに、10ハウスの月によって社会的な地位や評判を気にしてしまうというような葛藤です。創始創業は、最初は批判され、笑われるものです。これを笑うのは、多くの人の中にある月、犬です。それは新しいものを見ると、まずは拒否反応を起こすのです。そのために、10ハウスの月の人は、自分の評判が批判されることを恐れる傾向が出てくるのです。なんて苦しいことだろうと思います。

HOUSE 10

海外に出かけると月を客観視できる

10ハウスに犬が住んでいる。この特性を自覚すると、月の眠りの中に埋没することはかなり少なくなります。そして程よく10ハウスの月を活用するようになるでしょう。月は引き寄せの力である前に、引き寄せられの力です。

最近会った人に、仕事で気合を入れすぎず、ほどほどに成功例をコピーして仕事をこなし、双子座の太陽のある9ハウス、すなわち思想的探求に命をかけているという人がいました。9ハウスは5ハウスや1ハウスと連動しており、いわばこれは趣味です。仕事はほどほどにして、趣味のほうに命をかけるというスタイルです。仕事で失敗しないためには、オリジナルを避ける必要があります。もう十分に評価され、枯れたものに手をつける。実験的なことはしない。これがもし10ハウスが太陽ならば、太陽は新しい価値の創造を意味し、人間は地上において創造的なことをするときだけ人間と呼べるものになるので、新しい業績をなそうとするでしょう。

10ハウスの月の人は、評判をひどく気にするので、立場を守るという面で警戒心が強くなります。自分の評判を落としそうなものには近づかない。でも、それが他人からわかりすぎるので、逆につまらない人だと値踏みされてしまうことも多くなります。

4ハウスと10ハウスを貫く子午線は集団社会と縦の圧力を表すので、受容的な性質を発揮する月は、その場の集団社会の風習、習慣、価値観、信念体系には忠実で、そこにどっぷりと浸されてしまいます。世俗的なものと一体化しすぎてしまい、身近な環境の中で一生生きていくという感じの人もいます。たとえば、このローカル社会が、日本や東京といった地域ではなく、学会などの集団というケースの場合には、その学会特有の価値観というものに沿い、そこから逸脱することをひどく恐れることになります。

でも、この眠りに本人はあまり気づいていません。自力で、これを相対化するのはなかなか難しいでしょう。こういうとき、海外に行くとこの月が違うハウスに入るので、これまでの10ハウスの月の姿勢に関して少しは突き放していくこともできます。自分の10ハウスの月の無意識化された性質を少し客観視したいときには、海外を利用するのは楽かもしれません。

11ハウスの月

未来的であること、博愛的であること、
人と人との絆などに依存する人。
個人的な生活においてはオープンで
開かれた親しみやすいキャラクタ。

友人関係に濃密な気の成分の月を
まとわりつかせてしまうことも。
友情の絆を断ち切ることで
月を意識化できる。

未来の希望を表すハウス

11ハウスは2ハウスと対立していて、90度の関係にあります。2ハウスが過去の資産だとすれば、11ハウスは未来の希望です。未来の希望は、モノとして手元にないので財産などではありませんが、非物質的でありながらもそれは所有物です。なぜならば、誰でもこの未来の希望に向かって進んでいくからです。その引き寄せ力を持っているということこそ、重要な財産です。物質は過去から未来に進む（分解していく）としたら、意図は未来から過去に進みます。11ハウスは「今」ではないからこそ、強烈に磁力を発揮するのです。

11ハウスはクラブや集まりを表すとよく言いますが、それは共通した未来の希望を持つ人が集まるからです。7ハウスは対人関係で、この7ハウスから5つ目、つまり遊び場が11ハウスなので、それは共有された遊びです。みんなで一緒に遊ぼうということです。1ハウスから5番目の5ハウスならばひとり遊びです。

水瓶座は牡牛座と90度で、物質的な所有を比較的嫌います。物質的なものに埋もれると、水瓶座の風のサインの見通しのよさや未来性が弱められてしまうからです。ミニマリズムが流行するのも、モノがなくなればなくなるほど意識が広がり、力強くなり、多くの可能性が出てくるからです。モノがたまると未来は失われます。そのため、いつの間にかモノが溜まってしまう人ならば、定期的にそれを放出すればいいのです。この場合、できるかぎり無駄なほうが効果的です。つまり、モノをお金に変えるのは賢明かもしれませんが、これでは本来の非物質方向への放出が果たされません。無駄になくなってしまうのが一番よいのです。自動人形から解放されるには、一番大切なものを手放せということも、これに通じています。いつでもわたしたちは、所有することで、所有すること自体に捕まえられているのです。

未来のヴィジョンを共有する結びつき

そんな11ハウスに眠りの月があるとどうなるのでしょうか。未来的であること、博愛的であること、友情のようなもの、人と人との信頼感による絆などに依存することになります。たとえば、最近、わたしはフェイスブックに入ってみましたが、これは横のつながりを作り、人づてに何かを広げるという目的には便利かもしれません。こんどこんなイベントをしますと告知して、フェイスブックの中で人集めをするのです。フェイスブックやツィッターは、日常的なふと漏らしたくなった言葉を拡散します。これはとても月的なものです。つい、おならをしてしまったとか、げっぷをしたとか、これは月が露呈したことを表します。半ば意図的、しかし半分は眠ったまま発信する。このネットワークの人脈は明らかに月の人脈、つまり、11ハウスの月的なのです。個人的なキャラクタをつかまれてしまい、このキャラクタのラインの上でつながりを作る。月が作る友達とは、恥ずかしいところを見せ合いながら絆を作るのです。それは食べ物の写真を載せるということも役立っているのかもしれません。

その絆によって作る未来とは、いかに狭いものになるのか想像はつくはずです。しかし、地域社会の中で閉じ込められた絆よりは大きいでしょう。地域社会の中での関係は、10ハウスの月です。

つながりが11ハウスの月によるものである以上は、月の性質からはみ出そうとする未来への前進は月自身が阻みます。月が反発すると、それは複数の人の無意識の行動を巻き込みます。集団ヒステリー的な抵抗をもたらします。わたしが震災後の東北の「絆」というコンセプトが気持ち悪いと思うのは、これは月的な絆を強化することで、そこでは決してみんなと違うことを考えてはならない、思ってもならないということを強要するからです。

そもそも11ハウスは情の絡まない、未来のヴィジョンを共有することで結びつく、ライトな関係性です。しかし、月は模倣する天体なので、この結びつきから博愛的な精神の形だけをコピーして、試行錯誤する生き生きとした中身は捨ててしまいます。つまり、友情風・博愛風ということです。

フェイスブックなどは、こういう性質で多くの人が結びついています。友情風、博愛風であること自体は問題ないのですが、月の防衛網が張られてしまうので、少しでも例外的

HOUSE 11

な言動をすると、反発心がむくむくと頭をもたげてしまい、それが集団的反発に変わることもあるでしょう。ネットが炎上するというとき、炎上させている人たちは全員、月の衝動に支配されていると書きましたが、月に支配されていない人は、炎上に加担することはありません。ただし意図的に風向きを作ってしまう人はいるでしょう。

オープンで親しみやすいキャラクタ

家族を意味する4ハウスに対して、11ハウスは150度で、家族の輪の間口を広げていくということになり、11ハウスは親戚を表したりします。会社であれば支社です。あるいは文化ではサブカルチャーです。家族的なつながりがないが、後天的に家族のようなものを作るという意味では、グループホームのようなものも11ハウスです。児童養護施設などもそうです。月は0歳から7歳くらいまでに育成されるので、この子どもの頃に実親とべたべたする4ハウスでなく、11ハウスにある人は、親戚に預けられたなど、そもそも親がいない、あるいは寄宿舎のようなところにいたなどで、月の個人的すぎる資質が密室的なところで育たなかったケースが多いでしょう。

この濃密な気の身体を表す月は、密室的なところで充満できなかったので、少し広い範囲のところに、この濃密な気のフィールドを広げていきます。蜘蛛の巣の大きさが少し大きいのです。その結果として、個人的な月の生活においてはオープンであり、開かれた親しみやすいキャラクタになります。反面、あまり個人的な感情を入れるべきではない友人関係に、濃密な気の成分の月、粘り気のあるものをまとわりつかせてしまうことになります。これを「粘り気のある友人関係」と名づけるならば、このグループは開かれているようにに見えながらも、部外者を入れることはないでしょう。そして束縛があります。何かのイベントに参加しない場合、その理由についてしつこいくらいに説明しておかないと、主催者は気分を害するでしょう。「行けたら行くわ」と大阪風に断ると、恨まれると思います。

一方で、この月の網目が限りなく薄く広くなってしまう人もいるでしょう。たとえば、この11ハウスの月が水瓶座にあり、さらに拡散するアスペクト、たとえば海王星と90度や、木星と90度などであれば、きわめて緩いネットワークとなります。濃さは人それぞれです。

「月は人を食う」

月を外化するには、この月の性質をとことん自覚するといいのです。グルジエフは、眠った自動機械としての人間の目覚めを提案していましたが、わたしが思うに、このグルジエフの主張の大半は月の眠りに向けられています。そもそもグルジエフは、「月は人を食う」と言っています。つまり、人間は月に損なわれていくということを述べているのです。そして、ここに冥王星が関与すると、月は壊れてしまいます。冥王星は世界の外に扉を開いてしまう惑星なので、月のネットが破られてしまうからです。

しつこく何度も繰り返しますが、月が悪いのではありません。月がないと、わたしたちは精神や感情と物質的な肉体とを関連づけられません。月はつなぎ材なのです。そのため、月を内面的に同一化することなく、吐き出してしまえば、月は正常な働きをします。

大切であり、それに依存しているものを捨ててみるということでいえば、ここでは友情の絆とか人との関係性を断ち切るというのもいいでしょう。月の力はすぐに再生しますから、切ってもいずれはすぐに再生します。しかし切ったことで、そこに眠ったまま依存するということはなくなります。

横の友情の11ハウス

モーツァルトは当時の支配者たちの持つ教区から平気で出て行きました。その頃は、住民とはまるで植物のように、その教区の所有物なので、勝手に出ることは許されませんでした。そのため、その後のモーツァルトは援助を受けることができず、カトリック教会とも憎悪し合う関係になりました。そのときモーツァルトを援助したのが、横のつながりを表すフリーメーソンでした。フリーメーソンがなければ演奏会も開けなかったのです。フリーメーソンがあるからモーツァルトは生きていけたのです。このフリーメーソンが示す横の友情とは11ハウスです。教区は10ハウスです。

大地から遊離して、インターネットなどの空中に貼られたネットワークに依存するのが11ハウスです。そのため、大地から遊離した空中の11ハウスのネットから外れてしまうと、そのまま大地に転落してしまいます。ネットが破れたり、ネットから振り落とされた場合です。11ハウスは未来の希望なので、たとえば、「今はプロではないけど、これからは料理研究家として生きていきたい」という人がいたら、ブログに写真を掲載すれば、そこに好みの人が集まってきます。そんな展開をしているうちに、どこかの雑誌に目をつけられることもあるでしょう。そんなふうにプロになってしまった人は、11ハウスのネットから10ハウスに落ちたのかもしれません。11ハウスから脱落して、12ハウスに行く人もいますが、それは11ハウスの絆からはみ出した人です。つまり約束や共感というものを、もはや大切にしないのです。11ハウスの月は、一言で言えば、親族でない人と親族的な感情の交流の場を作るということです。

11ハウスの月を意識化したら、もっと11ハウスの可能性が開拓できます。月の可能性ももっと開拓できるでしょう。眠りこんでいる間は、一歩も前進しないということなのです。

12ハウスの月

集団の感情を拾ってしまい
それを自分の感情だと思い込んでしまう。
ときには死者なども近づいて来る。
公共的な仕事にはとても向いている。

個としての月の輪郭はすでに死にかけていて
個としてのプロテクタがない。
曖昧で漠然とした性質で
個体としては極端に弱い。

集団の感情を拾い上げてしまう人

12ハウスとは謎のハウスです。12個あるハウスの中で最後に位置し、つまり、ハウス群が死ぬ場所にあります。末期、晩年ということです。ここに月があると、その月が死にかけているということで、それはとても不思議なものに変態しかけています。月は0歳から7歳までに育成され、個人的なパーソナリティを形成してゆきます。そしてその後、自動運転に入ります。睡眠サイクルや食事や生活習慣、思わずしてしまうリアクションなど、個人の基盤を7歳までに作るのです。12ハウスは死んでいくという意味なので、このパーソナリティが死にかけ、しだいに腐敗し、輪郭がはっきりしなくなります。個というものが曖昧になるのです。

しかし、そもそも月は肉体そのものではなく、肉体との架け橋であり、肉体の周りにある濃密な気でできた卵の段階です。そのため、腐敗し分解しかけているのは肉体ではなく、この気の身体の部分です。肉体はきわめて強壮という場合もあるのです。11ハウスでは、それは友情の輪というネットワークに拡大していましたが、12ハウスはどんなハウスよりもさらに広大な広がりを持つもので、11ハウスの網目から外に出てしまいます。11ハウスのように知り合いの助け合いというネットがあるわけでなく、いわば虚空に溶け出しかかっているというようなものです。

個人の曖昧な輪郭という面でよくあるのは、11ハウス的な防衛網から漏れたところにある集団の感情を拾ってしまい、それを自分の感情だと思い込んでしまうことです。リンカーンは、山羊座の月が12ハウスにあり、うつ病的な症状を抱えていました。実はこの重苦しい感情はリンカーンのものでなく、黒人の集団感情だったのです。11ハウスの月の人は、複数の人々と共有された価値観と、そこから発生する感情の輪というネットに守られていますが、12ハウスの月の人にはもう守り手がいないのです。

人の夢をかわりに見てしまうこともあります。つまりこれはメディア化してしまうことです。そもそもメディアという言葉は霊媒を表しますが、多くの人々の感情を取り上げ、その媒体となるのは12ハウスの月の本性です。それはすでに個人としての防衛力が失われているのですから、避けられない話です。

したがって公共的な仕事にはとても向いています。月は母だという解釈をする人もいますから、その考えでいえば、死んだお母さんの役割です。現物としてのお母さんは老いていきます。しかし神話的・元型的なお母さんは、女神的な働きで人の肉体の限界を超えて万人に働きかけます。水の中に浮いている巨大なお母さんのイメージは、宮崎アニメに描かれていましたが、それは12ハウスの月のようです。

1ハウスの月の人は、環境の感情を反射する結果、ムードメーカーになりますが、12ハウスには果てしなさがありますから、拾ってくる感情は非個人的なもので、ときにはそれは宇宙的です。扉のない家として、さまざまなものが出たり入ったりするので、手っ取り早くこれを防衛するには、執着心の強い閉鎖的な月を持っている人と暮らすことです。思い切り月が濃い人といると、この12ハウスの月の人は、それを自分の感情だと勘違いし、それを第二の人格と見なします。ひとりでいるとまた輪郭のない状態に戻り、そのときには集団感情だけでなく、ときには死者なども近づいてきます。つまりメディアなのですから。夜中ふと目覚めると、得体のしれないものがそばに立っていたりします。テレビなどで見ていると、芸能人には比較的、心霊体験をする人が多いように思います。

死にかけている月の輪郭

芸能人などは、ファンの気持ちや感情によって自分の人格を作ります。プロダクションから、生まれつきの自分の人格は捨てるように勧告されます。そのうちになんとなく顔も変わり、垢抜けない田舎の少女が、いつのまにか洗練された風貌になっていきます。ファンの集団感情が、育てゲームのようにこの芸能人を育てるのです。この場合、ファンの輪はそう広いものではないでしょう。この輪に取り囲まれて、他の人が立ち入るすきがないようになれば、これもまた防衛網かもしれません。

わたしの知人が、ベビーメタルという十代の少女たちのグループのことを、娘と同じ年齢なので応援したくなると言っていました。この感情は確実に届きます。それは彼らの気の身体を形成するのです。そして気の身体は、時間をかけて実際の肉体に影響を及ぼしていきます。

昔、キャンディーズという大変に人気のあるグループがいましたが、ある日、引退しました。その引退の理由が「普通の人間に戻りたい」ということでした。普通の人間とは、個人としてほどほどに無理のない、ささやかな暮らしをしたいということです。月は「分（ぶん）」を表すのですから、小さな分に戻りたいのです。活動を続けていると、ファンの集団的な感情に自分の分が引き裂かれてしまい、個の所有権を放棄するように言われ、個人としては生きた心地もしなくなるのです。人の視線の中にだけ生きる場所があるというのは、なかなか異常なことに感じられます。

個体としては極端に弱い

でも、12ハウスの月の人は、個としての月の輪郭はすでに死にかけているか、あるいは腐敗しているか、壊れているので、こういう立場は比較的自然にこなせるかもしれません。たとえば、2ハウスなどに何か惑星があり、これが12ハウスの月に90度だったりすると、個人的な趣味などを主張することで、この月の分解性質をなんとか食い止めようとしているケースもあります。しかし自然体でボーッとしていると、すぐに効果を失います。

集団意識に対して驚くほど敏感な受信能力や、個を守れないこと、曖昧で漠然とした性質、どんな現場からも逃げ出したいというような性質は、いろんな弊害も生み出しますから、ぜひ意識化したほうがいいでしょう。そして、ここに寄りかかり、依存することをやめるとよいでしょう。かといって、その本性が変わるわけではありません。ただ、そこに損なわれることがなくなるのです。

12ハウスは「隠とん」と言われます。すでに書いたように、すぐさま影響が入ってくるので、人前から逃げ出そうとします。それはもっと広い範囲のものと通信したいからというのもあります。しかし、目に見える人前から逃げても、誰かが自分について何かを思うと、それは直接語りかけてきたのと同じくらいリアルに感知します。個としてのプロテクタがないからです。そのため、たとえば誰かがこの人に対して怒っていると、この人はもう食事も満足にできなくなったり、体を壊したりすることもあります。具体的には怒っているのを知らないし、会っていない場合でもです。これが弊害でなかったらなんでしょう。多くの場合、プロテクタとしての人物が近くにいれば、これは防ぐことができます。まるでマネージャーがつきっきりの芸能人みたいですが。しかし守り人が手薄のときだってあるのです。個体としては極端に弱いということを自覚するべきです。

Chapter 3

満ち欠けと願望

恒星月と朔望月

月の公転周期はおよそ27・3日です。これを恒星月と言います。一方で、太陽と月の相対的位置関係はこれよりも長く、29・5日かかります。これを朔望月《さくぼうげつ》と言います。月が最初の位置に戻るまでに太陽も進み、結果として太陽が進んだ分、余計に月が進まないと追いつかず、新月にはならないからです。

太陽の光は、創造的な生命の光です。太陽の光は昼は直接地球に届きます。気の身体、エーテル体である月にも太陽の光は届いています。つまり、太陽の創造的な力は物質的身体を象徴する地球と、エーテル体を象徴する月の両方に届いているわけです。そして地球が夜になると、月は太陽が受けた光を反射して地球に投げかけてきます。これは夜眠っているときに見ている夢のようなものでもあります。金属では、月は銀に対応すると言われていますが、昔は銀は鏡などに使われていました。銀は反射するものという意味があるのです。貝の毒を見つけるのに、銀の皿や銀のスプーンを使いましたが、これも敏感に反応するということから来ています。

ふたつの身体――地球的な肉体と月のようなエーテル体というものがあるとして、地球的肉体のほうは形骸化した物質的なものと言えます。もうひとつの月の身体のほうは、29日前後で新陳代謝して、生命運動のリズムを作り出しています。エーテル体は生命体と訳されるので、わたしたちは物質的身体と生命体というふたつの身体を持っていることになります。

現在わたしたちが使っている暦は、太陽の動きをもとにして作るグレゴリオ暦という太陽暦です。日本では明治5年までは、朔望月を基準にした太陰太陽暦が使われていました。太陰太陽暦にもたくさんの種類がありますが、日本では１８４２年に編まれた天保暦《てんぽうれき》が明治5年まで使われていましたので、それを旧暦と呼んでいます。

この太陰太陽暦は、新月が１ヵ月の始まりです。こうするとエーテル体の生命リズムがそのまま生活に反映されることになり、社会生活が生命体を阻害するという傾向は少なかったのです。ところがグレゴリオ暦になってからは、本来の生命リズムを生活には組み込めなくなったので、月の生命リズムは生活の裏側から、わたしたちの生命活動に影響を与えるものとなりました。

もしも、グレゴリオ暦採用以後に社会生活の裏側に回ってしまったこの生命体のリズムを、ふだんの生活の中に取り入れることができれば、いろんなことが楽しく進むことになります。なぜなら、気の身体、エーテル体は生き生きした生命力を表しているのであり、それは形骸化した肉体的な生活のリズムとは大きく異なるものだからです。

たとえば、何かをスタートするとき、グレゴリオ暦の４月１日からという目安を使うよりも、４月の中にある新月の日からというふうにしていくと、生命リズムのスピンに乗せた形でスタートできるので勢いがあり、他の人もそれに乗ってくるという結果になります。新月になると、すべてがリセットされるわけではなく、新月では次の新たなサイクルに入り、これは前のサイクルの結果から導かれた位置になります。つまり螺旋状に動いていると考えてみるといいでしょう。

月は過去の記憶を引き出して使う

月は眠ったまま動く自動運転のようなものだとすでに書きました。これはボーッとしてうっかりするようなところで働くということでもあります。この自動運転リズムには2種類があり、それぞれを見る必要があります。

まず、恒星月で、これは占星術などで使うように、今日はどこのサインの何度に月があるのか、そして月がどのハウスに移動するかという読み方です。これはわたしが見ている限りでは、やはり知らず知らずうっかりしてしまうという傾向になります。これは太陽が関与しておらず、月の位置だけで見ているので、創造的意図が不在の「記憶の反復」です。

たとえば、月が3ハウスにくると、無自覚にどこかにフラッと出かけたくなったりします。出かけたくなるというより、気がつくと出かけている。写真家の森山大道のように、横須賀や新宿などの街の光景を写真に撮影するには、やはり3ハウスが強くないとできるものではありません。でも、生まれつき3ハウスが強くなくても、月が3ハウスにきたときにはフラッと出かけたり、友達の家に行っておしゃべりしてしまうでしょう。これは3ハウスにストックされた過去の記憶の再現であり、たとえば3ハウスに蓄積した記憶が自動車を運転することが多かったりすると、月はそれをそのままトレースするのでクルマでどこかに出かけるということが増えてくるというわけです。だいたい一番ボケるのは、生まれたときの月の位置に今の月が重なったときです。自分の癖をうっかり出してしまい、これが失敗を招いたり、あるいはいかにも自分らしいことをしでかしてしまうのです。でも、そういった失敗をしないようにと自分自身をじっと自己観察していれば、影響は出ません。見られていると月は仮死状態に入るのです。

この恒星月での月の位置は、ホロスコープのトランシット（経過法）を使って知ることができます。239ページで、「WWW・ASTRO・COM」を使ってトランシットの月の位置を知る方法を説明していますので、参照してください。

朔望月のリズムを使う

さて、もうひとつは朔望月で、これは太陽と月の相対的な位置関係で考えます。この場合、太陽とは創造意志です。それは、同じことは繰り返さないという意志です。月はそれを受けて反射しますから、眠ったまま同じことを繰り返そうとする月に対して、太陽は創造的要素を盛り込みます。何か新しいテーマがあり、このテーマに沿って、月が引き出す過去の記憶のパターンを少しずつ書き換えてしまうのです。正確にいえば、創造的なテーマに照らし合わせて、月は過去の記憶の中の使えそうなものにアクセスするのです。

新月から始まる朔望月のリズムを使う場合、誰もが同じリズムで行うことになるのですが、しかし個人でストックしている記憶が違います。そして月はこの過去の記憶を引き出して、夢遊病のようにトレースするのです。

月はその人がストックしているものを引き出し、これを太陽の目的のために提供するということで、恒星月でのサイクルとは違った新しい展開があるわけです。古いものを使って新しい展開をするのです。

願望実現は可能か？

朔望月のリズムを使って願望実現しようという話は以前からありました。このために月のカレンダーなども販売されています。このことにピンとこない人もたくさんいるでしょう。月は脳の無意識部分に関係しています。あるいは胃とも関係があり、これはハワイのカフナの低自我に関係しています。現実を動かしていくのは、こういう領域だと言われています。知性といった表層的な脳の作用は、考えたり認識したりするだけなので、何かを動かしたりはできません。

月は過去の記憶を蓄積しています。すでに体験した過去のものから太陽の目的に即したものを引き出すということは、手持ちのものを持ち出して新しい目的のために改造することです。太陽の抽象性が月の具体性に落とし込まれ、その人の身の丈にあった成果が実現できます。加えて、月は物質に伝わる触媒ですので、物質的な成果を引き寄せます。

ところで、月と太陽の相対的な位置で考える朔望月があるのならば、太陽の位置を恒星位置で見て、12サインの固定的な座標で考えるという占星術の考えも何かしらおかしいということにもなるかもしれません。

たとえば、天王星と太陽の相対的な位置で、太陽の目的意識や創造心が変化していくなどというカレンダーも作ってみると面白いかもしれません。つまり、天王星がその人の真実の創造心を表しており、太陽はそのために自分ができることを模索している。さらに月は、具体的な記憶で、それに役立つことを引き出すというわけです。

宇宙的な法則の伝達とは、上位にあるものが下に下りて行くときに、段階的にいろんな天体をバイパスしながら形になっていくのです。そのため、太陽はその創造心を、より上位の何かから受け取っているに過ぎません。

目標に向かって螺旋状に上昇していく

朔望月を活用して、願望実現をしようというコンセプトはさまざま提唱されていますが、厳密な意味では、実現できる願望とそうではない願望があると言ったほうがよいかもしれません。宇宙法則は、ひとつのものが7つになり、このうちのひとつのものがまた7つになる、というように細分化されて下降してゆきます。朔望月とは、太陽の力を月がより物質的な領域にイメージ化していくプロセスです。そのため、たとえば、その人の太陽の本性とはかけ離れた、言いかえれば真の目的からはずれた願望を抱いたなら、それを月にイメージ化してほしいと願っても、月は太陽の力しか実現しないのです。そして太陽はより上の次元にとっての月なので、横合いから願望実現してほしいと言っても、それは聞き入れられません。

しかし、自分の意図、本人が気がついていない真実の意図に沿った願望ならば、それは形になるでしょう。

今の自分に実現できそうにない目標を達成しようとしたとき、朔望月の1回転分ではどうしようもありません。身の丈に合わない、現実離れしたイメージを月が受けつけないのです。月は「分（ぶん）」を表しますから、お金持ちになりたいという目標を立てても、それまでその人が1ヵ月15万円で暮らしていたなら、願望実現を果たした暁には17万円になりましたという程度の変化です。

そこで今の自分では実現しそうにない目標を達成するときには、この朔望月の回転を何度も使って、目標に向かって螺旋状に上昇していくことになります。月は少しずつ書き換えられると、それに気がつきません。記憶はずっと深層にまで至っており、繰り返し発掘すると思わぬ展開がたくさんあり、気がつくと最初は想像もしなかったような飛躍的な結末に向かうことはよくあります。

ゲーテは「願望は必ず実現するので注意しろ」と言いました。願望が実現してくれないからこそ、わたしたちの生活は安全に過ごせているのかもしれないのです。精神状態が荒れて異様なことを考えても、朝になったら普通に日が昇ったのでほっとするという体験をした人は、願望実現してくれなくてよかったと安堵するのです。

長く夢見たことは多くの場合、形になります。月の記憶を少しずつリライトしながら、現実を発掘するのです。わたしの実感としては、目標に感情を深入りさせるという印象です。目標に身体、感情、思考を深入りさせ、何か自分をそこに押し込むような感じで進むと、重い大地が冷えたバターのようにだんだんと割れて行き、新しい現実が自分を取り囲み始めるというようなイメージです。

通常、月は記憶したことを繰り返すので、思考で新しい何かをしたいと言ってもそれに抵抗します。そして、いつまでも変わらない自分というものであり続けようとします。それが月のホメオスタシス(恒常性)です。それには金星も加担しています。しかし、朔望月リズムに乗せて、自分を願望実現したイメージ像にめりこませていくと、「まさか、実際にこうなってしまったか!」というものを手にすることができるのです。この朔望月の螺旋的積み上げには、最低でも1年くらいをかけてもいいのではないでしょうか。目標のサイズしだいではありますが。

アファメーション技術とは

この願望に関しては、新月のときにノートに簡潔に書いておくといいでしょう。多くの場合、アファメーション(自分自身にする宣誓や約束)技術を使います。

これはたとえば、「元気になりたい」と書くと、「未来に元気になりたい、いまは元気ではない」という解釈となり、結果的にいつまでも元気にはなれません。そのため、「わたしはとても元気になった」というふうに完了形として書かなくてはならないといった方法論のことです。

また、否定語を理解しないので、否定語は決して使いません。「緑色を思い浮かべてはいけない」と書くと、必ず誰もが緑色を思い浮かべます。月に通じるのは脳幹部に近いところの脳作用だけだと考えたとき、言葉をそこに届けるには工夫が必要です。また、唯一、新月のときにだけ、この回線がオープンするのです。

また人に対して、これは使ってはならないものもあります。たとえば、ある人と結婚したいというのは提示してはなりません。なぜならそれは相手の意志を考えずに一方的に主張することだからです。

自分が書いた願望の内容を自分が忘れてしまうのが、もっとも効果的とも考えられます。イギリスの魔術師スペア（1886〜1956年）は、自分の作り出した造語を書き、意図的に元の願望を忘れてしまうという技術を持っていました。すると、目の前にある造語の意味がわからない。しかし造語は目の前にある。このようにすると、大脳新皮質に邪魔されることなく、造語が脳幹に働きかけるのです。

わたしの個人的な経験では、願望実現というのは多くの場合は成功しやすいけれど、実現したときは常に過剰になってしまい、もうたくさんだと感じます。カレーライスをどうしても食べたいというと、ワンテンポ遅れて大盛りのカレーライスが来るような感じです。骨の髄までグレゴリオ暦生活をしている人には、こうした願望とは実現するものなのだということが理解できていません。

願望が実現する人は、朔望月をうまく使える人ですが、もちろんここにはリスクもあります。それは否定的想念は、否定的状況を作り出すということです。自分のことを信じることができない人は、むしろグレゴリオ暦に沿った生き方をして、月の力を封印するほうが安全です。

さて、チャプター3のパート1では、朔望月の29日間を1日ずつ説明していきます。願望実現という観点からすると、毎日のことを説明されると混乱するかもしれません。いちいち考えずにほうっておいてもよいのですが、微妙な変化を捉えるという点では参考になることでしょう。

また、新月から満月、そして再び新月へ。そのサイクルの中で月はどう変化し、それは人間の意識にどんな影響を与えるのかについても細かく解説をしていますので、朔望月に合わせた生活のしかたが見えてくるかもしれません。アスペクトについてもその意義を説明していますので、月に関連したことだけではなく、占星術全体に関係したものとしても読めるはずです。

☽

なお、月齢は姉妹本である『ムーン・ダイアリー』（技術評論社）を利用するとよいでしょう。同書を持っていない方のために、次ページで月齢の計算方法を紹介していますが、毎年刊行している『ムーン・ダイアリー』を用いたほうが正確です。

計算から月齢を知るには

『ムーン・ダイアリー』が手元にないときに月齢を知る方法を説明します。ここで紹介している計算方法を用いると、自分の知りたい年月日の月齢を知ることができます。ちょっと面倒ですが、慣れると意外と便利です。

STEP 1

知りたい年月日の西暦年数から11を引く

たとえば2017年ならば、[2017-11＝2006] となります。

STEP 2

STEP1で求めた数を19で割り、余りを出す

[2006÷19＝105　余り→11] となります。電卓などでの余りの出し方は、この場合、[2006÷19＝105.57894736842105] となるので、小数点以下を無視して [105] の答を得ます。次に2006から [105×19＝1995] で得た1995を引きます。[2006－1995＝11] となるので、11が余りの数となります。

STEP 3

STEP2で求めた数に11を掛ける。これをAとします

計算例ではSTEP 2で求めた数が11でしたので、[11×11＝121] となります。この数をAとします。

STEP 4

下の表から知りたい月の定数を知り、これをBとします

もしも知りたい月が4月なら、下の表から定数Bは [2] ということになります。

月	1月	2月	3月	4月	5月	6月	7月	8月	9月	10月	11月	12月
定数	0	2	0	2	2	4	5	6	7	8	9	10

STEP 5

A+Bに知りたい日の日数を加え、これをCとします

計算例ではAが121、Bが2ですので、[121＋2＝123] となります。もしも4月10日の月齢を知りたい場合はこれに10を足し、[123＋10＝133] となってCは133です。

STEP 6

Cを30で割った余りが月齢です

計算例では [133÷30＝4　余り→13] となるので、2017年4月10日の月齢は13日目ということになります。ここから12日を引くと新月の月日が、2を足すと満月の月日となります。ただし、この方法では誤差が最大で2日生じますので、やはり、『ムーン・ダイアリー』を利用することをおすすめします。

part1 朔望月の29日間を解く

New Moon

1日目 ノートに願い事を書く

新月からの1日目で、浮動計算式に言えば日曜日です。月曜日でなく日曜日と考えるのは、サイクルが休止から始まると考えるからです。太陰太陽暦ではこれが月初めです。朔望月では月は1日に12・2度進みます。ということで、新月から12・2度までの範囲ですが、カレンダーであれば1日の始まりは0時からであり、ぴったり新月の時間からその日が始まるわけではありません。

太陽と月が重なると、月は仮死状態になり、完全な受容状態の中で太陽の創造的な目標としての光を吸い込みます。月が太陽から離れないかぎり、月はその本来の役割を果たすことができません。アコヤ貝に真珠になる種を埋め込んでいるときのような状態です。ちなみに真珠は月のシンボルのひとつです。アコヤ貝は半分くらいが死んでしまうし、冬眠した亀にしても、かなりの数がそのまま死んでしまいます。

願望が流産してしまう原因は、多くの場合、それを忘れてしまうか、この願望を否定する想念を持ってしまうことです。つまり、この否定想念をも実現してしまうということです。「右手に抱いた願望を左手のハンマーが打ちくだく」というのは、よくやることですから、目標はひとつに絞り、それを忘れないようにすることです。種を仕込んでいるときに、すでに種の段階で雑菌を入れるというのはそれも一緒に育てることですから、シンプルで純粋な目標を打ち立てるのがよいと思います。

月は太陽の力を受け止め、イメージ化、ないしは物質化させます。しかし太陽はさらに上の次元に対しては月でもあるという連鎖のため、この日、放置しておいても、願望や目標は「降りてくる」ことになります。それは自然に思いついたことという意味です。自分が発信したものではない。自分はそれを上位から受け取り、そして下に渡した。自分はその途中にいるという位置づけです。

仮死状態の月は、いつもの防衛心を発揮しません。いつもと同じことを続けたいという月の恒常性維持機能は、この日はスイッチが切られていて無防備です。太陽の意図を抱き込んで、これからそのための過去の記憶を探り出す旅を始めるのです。月は未来のものを引き寄せることはありません。新しい太陽の目標に対応した、過去のものを引き出すのです。過去のものとは既存のもの。これが物質へと結びつくという意味なのです。月は基本的に自分の性質の中に閉鎖していますから、この新月のときの月の虚脱状態がなければ、太陽の力を埋め込むことはできなかったでしょう。いつもなら決して開くことのない貝の口を、なんらかの手段でこじ開けるというイメージになるわけです。

なお、この後も、惑星、すなわち水星、金星、火星、木星、土星、天王星、海王星、冥王星は、この月にたえず茶々を入れて来ますが、月は惑星に対しては拒否権を持たないので、この旅はまるで西遊記みたいに山あり谷ありです。太陽と月だけが作り出した高速道路を走っているのでなく、いろんなものでごった返している一般道を走っているようなものです。

この日は何もしないというのが理想的です。しかし何もしないというのが一番難しいと思う人もたくさんいます。お休みの日はいろんなよけいなことをしすぎて疲れてしまうような人たちです。

2日目　言葉をどのイメージに変換するかを模索

太陽と月の相対角度は12・2度から24・4度までの範囲にあります。

1日目の月の仮死状態は、自動車がガソリンスタンドで給油するために停止しているようなものです。そのため、何か行為をするということは少なく、動き、行為、意欲などが始まるのは2日目からとなります。すこしだけ太陽から月が離れた段階で、月が息を吹き返しつつあるのです。言いかえれば、月が自分の流儀で動くことを決めたのです。

月は自分が仮死状態になったときに太陽に目標（願望）を刻印されますが、それを自覚しないまま、いつもの自分を取り戻して走り始めます。月は眠りであり、自動運動であると書きましたが、つまり1日目に目標を埋め込まれたのに、月にはそれを意識する力がありません。眠りのまま、意味もわからないまま、目標を抱き込んで進行します。そして、意識する存在である人間の側からすると、目標は忘れられていくという意味にもなります。

目標は、いわば、イメージできるが意味はわからない、というのが一番いい感じです。

はじめは抽象的な意味だけが記された言葉としての目標。これを言葉の伴わないイメージに置き換える。そして言葉としては意味がわからないが、イメージだけが残り、膨らむ。2日目にこれが進行するとよいのです。それが月が仮死状態から、少しずつ月が動き始めるということに対応しています。

新月で活力がチャージされたばかりなので、気の身体は新鮮で生き生きしています。そのために、いろんな可能性を夢見て、あちこちに手を出したくなるかもしれません。若々しさや元気が際立つこともあり、屈折しないで自然な形で行動するということになりやすいでしょう。

でも活動の対象ははっきりしていません。模索してさまよう段階なので、とりあえず何も考えないで、気の向くまま興味があるものに向かって動いてみるのもいいでしょう。植物が育っている姿などを見るのも参考になります。

月は新しいことをせず、太陽の目的に沿って古い記憶を引き出すだけだということは、いろいろと工夫して考えるのでなく、ただ素朴に思い出そうとしているということです。

この初期段階では、比較的ありきたりのものに感動したりすることもありますから、それが目標への道だなどと決めつける必要はないでしょう。始まったばかりなのですから。ここでの模索とは、言葉をどのイメージに変換するのかということです。

3日目 手ごたえのあるイメージに遭遇する

太陽と月の相対角度は24・4度から36・6度までです。占星術のアスペクトであれば、ここでは36度が含まれることになります。占星術のアスペクトとは天体と天体が作り出す内角のことですが、それは幾何図形の一辺でもあります。幾何図形にはいくつかの頂点があり、その頂点を結ぶ線分である辺があります。頂点は曲がり角で、意識はその曲がり角で目覚めます。一方、辺の上では変化がないので眠り込んでいます。36度というのは円の10分割なので、これは10角形の一辺だということになります。それぞれの幾何図形に特徴があるということは、つまり、それぞれ特有の目覚め方があるということです。

10角形はプレゼン能力に関係します。これはこちら側の情報を持っていない相手に、自分の何かを見せる、紹介する、わかるように説明するということです。反対に、相手のリアクションもここでわかります。つまり10角形とは外のものに触れるということになります。2日目は、言葉をどのイメージに置き換えるかという探索であり、それも楽しかった

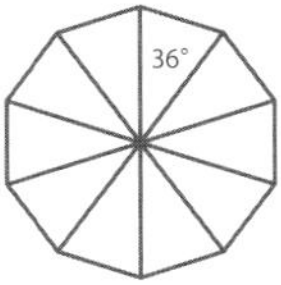

のですが、3日目では外部に触れるということで手応えのあるイメージに遭遇するということです。

ところで、太陽はより上の世界に対して月であり、下の世界に対しては太陽です。その太陽の光が月に埋め込まれるというなら、途中にいる人間にはまったく選択肢も自由意志もないのかというと、自分の小さな世界の中でなら自由はあります。この宇宙のすべてには、上の次元と下の次元があり、どんなものもその間に挟まれた存在なので、独自の動きは自分の持てる小さな庭でのみ発揮されるのです。

これはイメージ化するときにいろいろ選べるということでもあります。光は上から下に降りてくる。目に見えない精神的なものが、目に見える物質的なものになっていく。このとき、取り得る複数の選択肢があります。たとえば、冷蔵庫を買うことは決まっていて、その決定は自分では変えられないけれど、どこのメーカーのどんなデザインにするかは自分の自由にしていいと言われているようなものです。

恒星月のサイクルは、すでに持っているイメージを巡回するだけで、そこには太陽の意志というものが反映されていません。つまり目的意識不在の回転盤です。一方で、朔望月は太陽の意志が特定のものをピックアップしていく。ここに両者の違いがあります。

☽

1年は12ヵ月で、1ヵ月は30日前後であるように、だんだん分割されて数が増える。これは上にあるものが下に降りていくことです。数が多いものというのが物質的なもので、精神的なものは数が少ない。朔望月は、ひとつの意志が30個に割れて、月のレベルに落ちて形になることです。1ヵ月の動きではとうてい到達しえない大きな目標は、そもそも太陽が受け止めきれなかったものです。太陽が受け止めきれないものは、その上位のものが受け取ります。つまり、12ヵ月の上にある年間の目標というものです。1ヵ月の目標は年間目標に従属したもので、その部品のようなものと考えればよいのです。

1ヵ月単位で作り出された目標は、1日ずつ歩いていくことで自然に分割され、そのまま形になるのです。つまり、月のレベルでふ化すれば、それは明らかに形になるのです。

太陽の目標に即したものを月が自分の記憶の中から引き出そうとします。世界の集合的記憶倉庫には、どんなイメージも形もすでに存在していて、この世界においてオリジナルなものというのはほとんどありません。そのため、過去の記憶を引き出すときには、どんなものでも取り出せます。月は、ボーッとして個人の明晰な意識から逃れたすきに、この古い記憶を引き出すことができるのです。それに36度は、個人記憶から、外部にあるより大きな記憶庫に接触できることを意味します。

☽

2日目に元気でむやみやたらな活動が始まり、3日目ではこれがある程度の方向性を持ち、しだいに希望や達成したい野心、攻略目標めいたもののイメージが決まってきます。

しかしイメージは現状とすり合わせていないので、空中楼閣的な野望のままです。それはたいていい現実離れしていますが、そのほうがいいかもしれません。ここで妙に現実にマッチしすぎたことを考えてしまうと、初動段階でエネルギィを失うことになりかねません。そのため、細かいことを点検しないで、まずはヴィジョンを持つことが大事です。また、知的な分析も好ましくありません。ここで知性を働かせようとすると、知性風に装った感情や信仰心になってしまいます。

太陽に近い頃には、太陽に遠慮していましたが、このあたりから月が優位に立とうとする姿勢が出てきます。ときどき人間よりも自分が主人なのだと勘違いする犬を見ることがありますが、ちょうどそんな感じで月が主導権を主張しています。

Waxing Crescent

4日目

理念を探す

太陽と月の相対的な角度は、36・6度から48・8度。占星術のアスペクトでは、この中に40度と45度が含まれています。つまり9角形と8角形です。

7日という週のリズムでの進行から見ると、この4日目には、3日目で出てきた情動的な野望だけでは不安になり、支えとなる何かしら納得できる客観的な理念などを探し出し、それをスローガンのようにあてはめようとします。3日目では知性が働かず、ある程度本能的なものに裏打ちされて動いていましたが、こういう場合、ばらばらに行動する生徒たちをまとめる校則があるように、何か理念が必要なのです。内心から出てきたものは何かしら客観性が足りないと思い、よそから誰かの言葉を借りて、ひとつの型にあてはめようとする人もいるでしょう。有名作家の短い、気の利いた一言というようなものでもいいのかもしれません。

つまりは意志、情動などに、安定した洋服を着せるような感じです。その結果、気分に

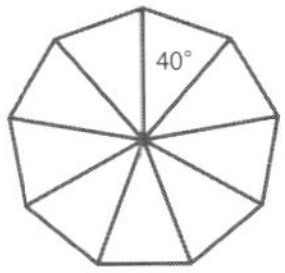

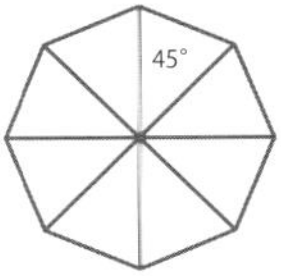

振り回されない、思慮深い要素も生まれてきます。新月のときに抱いた目的を、現実に生きている環境の中にねじこもうとするときに、世間は実際にどんな状況なのかを冷静に見ていくこともできます。

40度のアスペクト、つまり9角形意識とは、多くの場合、時代や地域を越えて通用する普遍的な思想、精神性などを表します。これがいわゆるスローガンというものを作り出すのです。不安な月の旅に大義を与えるわけです。そして45度の段階に入ると、強い集中力と確信とを生み出します。反対者がいても気になりません。異物は意志で打ち砕くのです。40度の理念武装があれば、それも可能です。

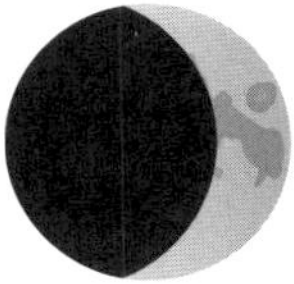

5日目　面白い可能性を探す

太陽と月の相対的な角度は、48・8度から61度まで。アスペクトとしてはこの中に、51・428度と60度が含まれています。

7角形から6角形への推移は、多少気抜けしてきたというような印象も与えます。とはいえ、それは1日の中での推移であり、5日目そのものはかなり勢いがあります。浮わついた勢いが、やがて生活環境の中に落とし所を見つけて落ち着くという変化です。

4日目は4の数字が働き、5日目は5の数字が働くと考える人もいるかもしれません。昔から、日にちの数、年の数などを足したりする技法がありますが、この誕生日占いのようなものの抱える制約とは、さまざまな種類の暦が多々ある中で、グレゴリオ暦の中で計算すればグレゴリオ暦の社会でのみ通用するようなものにしかならないことです。つまり、占星術ほどには宇宙的なものではない、特定の場所でのみ通用するものです。いまでもグレゴリオ暦は認めないという国はあります。

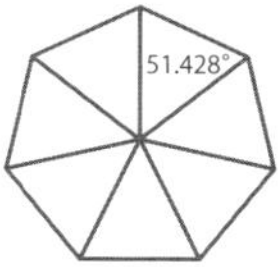

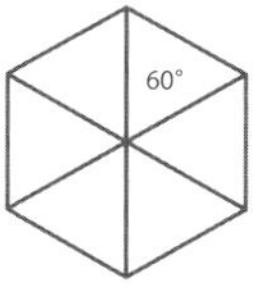

また、日にちの数で性質を考えるには、新月の1日目を0日と考え、次の日を1日目と考えたほうが自然です。新月は月の仮死状態であり、まだ活動していないからです。ピタゴラス派の数のロゴスというものを考えるとき、ピタゴラス派には0はありません。河合隼雄は日本人には中空構造があると言いましたが、これは0から始まるシステムです。カバラもその構造です。

とても面倒な話ですが、0から始まるシステムでこの0の日を1日目と決めるのは、0そのものを循環システムの中に組み込むことで、それには「天からのものを受け止める」という意義があるのです。読んでいて混乱したでしょうか。つまり仮死状態として静止しているので意味としては0だが、日にちとしては1日目としようということです。0を認めないで1から始まるものは、天からのものを受け止めず、自閉的に活動するシステムなのです。

☽

4日目は安定、あるいは集団的な価値観との照らし合わせによって自分の行為の正当性を主張すること、そして頑固になることだとすると、5日目はこの4日目の行う普遍化に飽きてしまい、もっと面白い可能性はないのかと主張することです。5はありきたりなものへの恭順の姿勢をかなぐり捨てて、自由に自己イメージを拡大していきます。つまりは着実さよりも、遊び性に向かいたいのです。その結果として、この時期には、周囲にある既存のものを次々と批判することもあります。そして周囲から浮いた状態で、自分の思いや理念を膨らませていくような感じにもなります。願望実現コースに、もっと応用性を持たせ、ラジカルにしたいのです。

最初に51・４２８度を通過するあたりでは、これは7角形で、希望の実現のために積極的に駆り立てられたように加速を始めます。このときには周囲の現状に対して攻撃的であり、性急です。しかし後半になって60度を通過するあたりでは、自分の願望がうまく活かせるような環境を見つけやすくなり、浮いたエネルギィはこの落とし所に吸収されて、おとなしくなります。相手がほしいと騒いでいる人が、実際に相手が出てくるとおとなしくなるようなものでしょうか。

51・４２８度は割り切れず、つまりは落ち着かないのです。しかし60度は六角形で、偶数図形でもあるので落ち着くことができます。

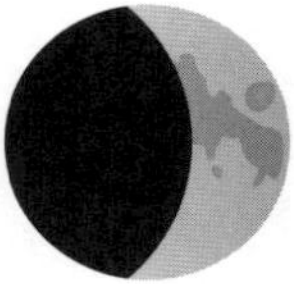

6日目　芸術をしてみる

太陽と月の相対的な角度は、61度から、73・2度まで進みます。この中には占星術のアスペクトでいえば72度が含まれます。72度とは5角形の一辺です。

アメリカの思想家ソローは自然の内奥にある真実を見たいと、森の中に小屋を立てて暮らし、森の生活を始めましたが、それは今日流行しているミニマリズムの走りのようなものかもしれません。そのソローの理念がジーンズを生み出したとも言われています。社会に染まらず、自由に行動したいということでは、5日目も似ていますが、72度が含まれると、自分の好きなことをして楽しく過ごそうとしてはいるが、5日目が持つ攻撃性は発揮されません。

ここでは詩を書いたり、作品を作ったり、芸術をしてみるのも面白いです。あまり創造力のない人でも、写真を撮ったりするのはできるはず。街角スナップなどもいいかもしれません。日曜日に始まった〝願望を落とし込む旅〟は、華やかな金曜日になりました。こ

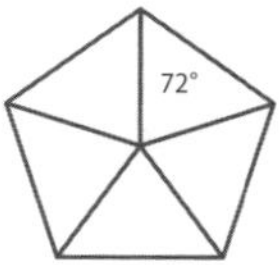

こで平日最後の盛り上がりがあるのかもしれません。

ソローは自然の実相を見ようとして森に入りましたが、結局挫折したと思います。彼は最後に自然科学に凝りましたが、それは最初に思い描いた実相へ立ち入ることから微妙に逸脱した方向性です。ある程度のところで妥協したということです。

自然科学は自然を理解する手立てになったかというと、ものの見方のひとつの局面にすぎず、自然を抽象化すること、つまり論理的に推理して理解したつもりになることに他なりません。目の前に鉄や銅があっても、要素分解してしまい、あたかも鉄や銅は実在しないかのように語るということにもなります。

5角形人間としては、事物の詳細とか現実に見えるものに立ち入る必要はなく、むしろそこから遊離する。5角形は吐き出すが、外のものを見ていたりしません。

7日目

太陽からの新しい指令

太陽と月の相対角度は、73・2度から、85・4度まで進みます。この中には、40度の倍数の80度が含まれています。もし恒星月ならば、78度から91度で円の4分割である90度地点を通り過ぎていますが、朔望月では、太陽が少しずつ位置が動くので、まだ90度というターニングポイントには至らず、その直前すれすれの地点です。

8日目の項目で語るべきことかもしれませんが、90度では、それまでの進行に対して別の流れが介入し、それまでの流れが「死に体」となり、これを滋養にして新しい流れが育つのです。墓場に育つ植物と言えるようなものです。

この墓場に育つ植物というたとえを不気味に思う人がいるかもしれませんが、たとえば、聴覚が不自由な人は、物理的なサウンドが聞こえなくなるかわりにエーテル的な音を聞くようになります。また、土地の安定性が奪われた場所では、その土地のエーテル体が活性化します。そのように、何かの流れが死ぬと、それは違う種類の流れを生み出します。

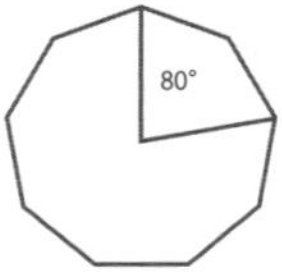

違うものを生み出すには、その前のものが死ななくてはならないのです。これが90度です。そのために、これまでのものは無駄になってはいないのですが、その流れは裏で機能するようになります。90度の手前すれすれということは、それを予感しています。というのも、背後には恒星月の90度も意識に入ってくるからです。

これは浮動計算式の土曜日ということでもあります。今は多くの企業で土曜日と日曜日は休日です。以前は、土曜日は半ドンといって、会社員は昼まで働きました。わたしが小学生の頃は、学校の授業もやはり土曜日は昼までありました。その後はクラブ活動で、絵を描いたり、粘土をこねたりしていました。土曜日は給食がないのでお弁当を持参し、ノリ弁当を食べました。ご飯の真ん中に醤油のついたカツオ節が入っていて、上にびっしりとノリがのっているのです。半ドンは、休むような休まないようなとても中途半端なものですが、気分的には楽しく開放的でした。そんなふうに、活動はするが、しかし途中から休止して、8日目の日曜日につなぐのです。恒星月ではもう90度なのに、朔望月ではまだそこに至っていないのが7日目です。

朔望月は、あくまで太陽と月の相対的な関係で成り立ち、これは恒星位置とは違う浮動計算式です。つまり音感で言えば、絶対音感ではない相対音感です。90度では、それまでの流れの中に、太陽からの指令でこれまでとは違うものが入ってきたのです。90度は寝耳に水ですから、それまでボーッとして進んでいた月は、そのことでショックを受けて、すこし目覚めてしまうのです。

太陽はこの7日目には6度進んでいます。新月のときの太陽の位置とはかなり違います。これまでも1日1度進むことはわかってはいましたが、ここで気の変わった太陽がはっきりと路線変更を要求してきたのです。わたしの場合、数字の意味としては、6・00度から6・99度までの6度は数え度数で7度と呼びます。これは理想と現実という落差、2点間の電位差でストレスあるいは活動意欲が刺激されるという意味を持ちます。

☽

月は覚えこんだことを続ける性質であるため、この新しい指令を緊張感を持って受け止めますが、同時に、これまでのものを維持したいと思います。これまでの流れと、それに拮抗するもうひとつの光を並列することになると、複雑になり、ある種の矛盾を内包してしまいます。個人としての能力を磨いて誰にも負けない自分を作ろうと言われていたのに、主張を引っ込めて集団生活をせよと言われはじめた、そんな矛盾です。でも月は単純なので、矛盾を同時に扱うことは難しく、すでに説明したように、これまでの流れを裏側でそのまま続行させ、表では新しい太陽の指令を主テーマとすることにします。

今までの指令をaとすると、ここで出てきた変更された要求はbで、ここからはaを裏にして、bを表にして進行しますが、満月の段階で、あらためてこのaとbが逆転してしまうこともあります。これまで育成してきた人格的な面が崩壊する場合もあれば、複合させるという姿勢で乗り越えようと考える人もいます。土曜日が来て、いままでの平日の流れがいったんストップするのです。明日は日曜日です。仕事を継続したかった人も、手を止めなくてはなりません。常に半月は裏腹なものを持ち込みますから、実はこれまでのコースのメンテナンスに過ぎないのですが、しかしちょっとした気持ちのショックが生じることもあります。

「7日間で学ぶコース」と銘打ったプログラムが世間にはたくさんあります。そういった点では、ここはひとつの完成地点です。

太陽から受けた指令は、これまでの月からすると無理な要求、つまりは月からの視点ではある種現実離れしたイメージを固めることでした。月からの視点とは、下々の視点、〝実生活こそがリアル〟というところからの視点です。ここからすると太陽は常に現実離れしているのです。

これまで太陽の要求に応じて、月は過去の記憶を引き出してきました。それは今目の前にある生活とはすこし違う過去の記憶です。太陽が7度ずれたとき、初めの流れと葛藤を起こすような次の流れが出てきますが、それまでは実際の現実とは違う、太陽が要求するものに合致したイメージが喚起されます。それはたとえとしてはすこし大げさですが、歴史的なデータの喚起のようなものかもしれません。

歴史的なもので、わたしたちが知ることができるのは特別な事柄のみで、平凡な日々のことは記録されていません。事件ばかりが記録されています。歴史的な記録とは、本能寺の変のように常に劇的です。

40度、あるいは80度は目の前の現実を嫌う性質で、常に抽象的で象徴的な事象に関心を抱きます。90度が折り返しとして、80度の抽象的、象徴的なイメージ化が増大し、それを足場にして、あるいは墓場にして、次の展開が始まります。

First Quarter

8日目　立ち止まり、エネルギーをチャージ

太陽と月の相対的な角度では、85・4度から97・6度までです。7日目の説明にも書きましたが、ここでは90度での転回点が最大のトピックです。それは走っている車が、横から来た車に衝突されるようなものです。

この時期、7日目ならば太陽は6度、8日目ならば太陽は7度進んでいます。7度の数字は対立したものの間に落差があり、この落差ゆえにストレスを感じたり、積極的に挑戦しようとする気持ちが出てきます。たとえば貧富の差は、怒りと同時に、お金持ちになりたいという意欲を刺激します。新月のときの太陽の位置と、この半月のときの太陽の位置には、こういった落差があるということなのです。始まりが上にあるものなら、次は下を。右にあるものなら、こんどは左にという、この落差のある光を突き当てられるので、やはりこの90度地点で月はとまどいます。

これまで7日間追求してきた流れに停止命令を出して反対のことを言う太陽に従い、新

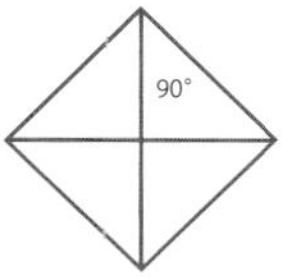

しい流れの1週間がスタートするのですが、それは月が表す記憶庫の中の違う局面にアクセスすることでもあります。これまでは太陽の指示がひとつだけだったので、それに素直に従って、それに対応する記憶を探っていたのですが、それは足場のない中空を飛んでいたような感じでした。しかし太陽の姿勢が二面化すると、月はそれまで感じたことのない硬いものにぶちあたるような抵抗を受け取ります。いままでは浮きが邪魔して海底に潜れなかった。その浮きが90度で割れてしまい、急に深い場所に入っていけるようになったような印象です。

月は蟹座の支配星で、蟹座とはファミリーや民族、集団意識に同化することを表します。月はこのようなソースから活力を引き出すのですが、自分からそれをすることはできません。常に受け身であり、自分から考えるということもできないからです。そのため、矛盾するような二面的な指示を太陽から受けることで、初めて集団記憶のソースの違うところを掘り下げ始めるのです。

たとえば古墳や歴史的な社寺で有名な奈良県の桜井市に住んでいる人がいたとします。この場合、生活するには現代の桜井市の記憶だけでいいのですが、太陽が違う種を持ち込むと、蟹座の月の同化力は、こんどはヤマトの時代の記憶などに潜り込んだりもします。

1週目は種まき。2週目は成長。3週目は成果を出す。4週目は固めると同時に終わらせ、次のサイクルの準備をする。この創造のプロセスは三角形の3の数字に基づくと考えると、願望実現のような太陽の意志のイメージ化は3週目で完成します。2週目は成長ですが、この大地に種を植えるというのが2週目のスタート地点である8日目に生じると考えるといいでしょう。

このとき、7日目のような中空に浮かんでいるような壮大さが否定され、大地に落とされたと感じる1週目の感覚が残る限りは挫折感を持ちます。しかし、すぐさまそれを忘れ、種が大地に植えられたと気をとりなおせば、ここから気持ちが広がっていきます。ここには共感があるからです。外から見る視点でなく、内側から共感するような姿勢があります。

この共感は、たとえば自分が夢見ていたことを他の人も同じように夢見ていたことがわかったというようなものです。考えることが個人的ではなく、他の人も巻き込んだ、広がりのあるものになっていきます。身近で小さな共同体の中で、自分がしたいことを表明すると、それに乗ってくる人も増えてきます。

でも、ここは日曜日ですから、あまり動かず、休憩して集団的ソースに浸されるというのが好ましいでしょう。日曜日に教会に行くようなものかもしれません。ひとりで過ごす日曜日でなく、家族的な和のある日曜日です。

ここでは止まれば止まるほど、チャージが大きくなるのです。これはノートパソコンを充電しながら使うよりも、いったん止めているときに充電したほうがチャージの容量が大きいというようなものです。

1週目の流れは7日目くらいで完成したので、徐々に勢いを失い、少し無力感なども出てきましたが、ここで角度を変えることで、再チャージが起こるということです。リオのオリンピックに出場した日本の選手たちは、仲間たちが近くで応援してくれたことに力づけられたそうですが、一人で走ることに力尽きるのが7日目の土曜日だとしたら、8日目には応援がいることに気がつき、力づけられるのです。

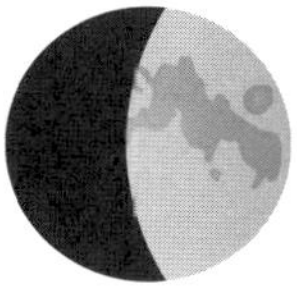

９日目 再び走り出す

太陽と月の相対的な角度では、97・６度から１０９・８度までです。この中には、アスペクトの１０２・86度と、１０８度が含まれています。１０２・86度は、51・４２８度の倍数です。また１０８度は36度の３倍数です。

２週目の月曜日で、また元気に出発しますが、１週目の月曜日と違うところは集団的ソースを引き出した後だということです。それは個人の記憶の模索よりも、こんどは集団的なより大きな記憶と照合して、他にも似たようなものが過去にもたくさんあったことを知り、自分の方針は間違っていなかったと確信して走り始めるのです。

８日目が集団性と対峙、ないしは遭遇するようなものだとすると、９日目では賛同を得て進むというような感じでもあり、自分特有の才能が発揮できると確信できる時期でもあります。自分の能力を認めることができるのは、他の人と照らし合わせるからです。１週目はひとりで走っていたようなものなので、自分の特徴にも気がつきません。しかし２週

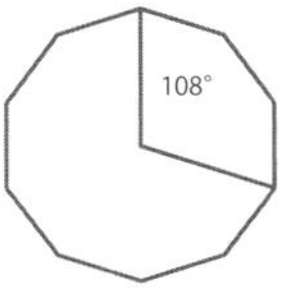

目で違う角度の視点が入ることで、自分が何をしようとしているか、すこしばかり自覚することができるのです。

自分の内側から出てくるものに確信を抱き、自信を持ち、ときにはテンポよく展開できます。集団的な影響に浸されて個人的な発言ができにくいところから少しずつ自分特有のものを切り出し、それをもっと強く主張するような、内側からもりもり出てくる意欲に目を向けるといいのです。90度には相反する影響があって、個人を潰すと同時に、集団的なソースによって個人を元気づけることもするのです。そして、90度を過ぎてしまったあとは、あらためてチャージされた力を使って、自分の行いに確信を持ちつつ走ることができるのです。

102・86度は、運命的強制のバリエーションです。そこでは個人のもっとも個性的な要素が表面化してきます。したいことではなく、しなくてはならないことが明確になりつつあります。108度は、外に対して理解できるように伝えることで、子孫や弟子、継承者などが出てくるのを意味するアスペクトです。もう孤立することができず、自分なりのものを打ち出し、しかもそれが人に受け取られるようにしなくてはならないのです。

☽

もし、あなたの願望が個人的な範囲を少し超えたものである場合は、月の集団ソースに触れ、それを活用することは必須です。たとえば、誰かとの関わりの中での発展ということがテーマだったり、あるいは他者が受け入れてくれないと前に進めないようなテーマだとすると、当然、個人史の記憶域でなく、集団ソースを使わないことには話になりません。いずれにしても、ここでは他の人にもわかりやすい表現を身につけることになるので、成果は見えて来やすいと言えます。

以前、仏教でいうアラヤ識に入って、そこに願望を打ち込むとすぐに成果が出るということを教えている人がいました。アラヤ識とは、個人が成立する前の集合的な意識です。ここで「飛行機を作る仕事がしたい」と叫んだら、飛行機を作るためのスタッフがほしいと思っている誰かにその叫びが届きます。そしてさまざまな無意識的回路を通じて、情報が伝わって行き、現実に連絡が来るというのです。人と関わった上での願望実現は、このように個人に閉じこもらない集団的なソースに浸され、同時に、この集団的なソースに対峙するのではなく、そこに後押しされる角度にならないことにはうまく発動しません。

そして、すでに書きましたが、この場合の欠陥は、反応が強すぎるか、あるいは多すぎることです。飛行機を作ってほしいと思っている人が、予想以上に多かったというようなことです。朔望月で生きている人は、こういうことを比較的日常的に体験します。一方、グレゴリオ暦で生きている人は、求人誌を探し、電話でアポを取り、何月何日に面接するというような手続きが必要です。

10日目

スムーズでウキウキした展開

太陽と月の相対的な角度では、109・8度から、122度までです。するとこの中に、占星術で活用されるもっともメジャーな120度のアスペクトが入ります。これは盛り上がりと加速に関係します。そして周囲の影響をあまり気にしないということです。

占星術では、太陽と月は夫と妻にたとえられます。120度はとても仲のいい夫婦のようなもので、意志を表す太陽と、それを具体的にイメージ化する月は、二人三脚で調和的な関係を持っていて、願ったことがスムーズに果たしやすく、それを邪魔する要素は少ないということです。一方で、120度は環境から浮きあがって勝手に盛り上がるような傾向があり、夫婦にたとえるならば、ふたりだけで仲よく盛り上がっていて、他の人が引いてしまうような感じがあるということです。

8日目で集団ソースに触れ、ここからふさわしい人がどこからともなくやってきて、10日目で夫婦のように協力するようになったというようなものでしょうか。

新月のときに打ち込まれた目標は、15日目の満月でイメージ化されますが、その後、中身が抜かれた形だけが残り、硬化していくのが7日後の22日目。つまり、それが定着した成果です。その前の満月のときに、心はもうこの追求しているテーマからは離れていきます。心が離れていくことで、成果は安定します。つまり心が離れていないときには、成果をまた壊してしまう可能性もあるからです。

☽

沈殿し始めたら、それをかき回してはなりません。そういうプロセスから比較すると、この10日目は、まだ最初に追求していたテーマが生き生きと刺激的で、まだ手にしていないからこそ楽しいという段階です。あるものがほしくてバイトしている人は、元気です。しかし、ほしいものを手に入れたとき、それはモノですから、心の刺激にならず、こんなもんかとやや失望します。つまりそのモノがほしかったのでなく、その象徴的な意義がほしかったのかもしれません。モノとは形骸化した死物であり、それは決して気持ちをウキウキさせないのです。ほしいものがあったら、手に入れていないうちが華というふうに考えましょう。

遊んでいる感じ、楽しんでいる感じ。和気あいあい。10日目では、つまらない冗談でも笑いたくなるような気分の人もいるでしょう。

11日目

安易さへの抵抗

太陽と月の相対的な角度は122度から、134・2度までで、まだ120度のアスペクトの影響をひきずっていますが、気分としてはそこから後退しようとしています。

120度の欠陥は、イージーなノリで進もうとするところで、気分の盛り上がりが大切だったのですが、しかもこの気分の盛り上がりを作る120度のアスペクトの一端は、月であるために忘我的で、非理性的な力に駆られたものでした。それを反省してか、120度をひきずりつつ、120度的でない可能性を模索します。そこで多少矛盾した要素が表れます。

180度の満月は円の2分割の位置ですが、120度は円の3分割の位置で、3の数字が支配しています。3は加速して回転する動力的な要素であり、これは音階で言えば上昇5度のハイテンションで、おおらかなトーンです。2の数字になると環境に引き裂かれ、これが形になることを意味します。この11日目が志向しているのは、3から2へ引きつけられることで、2・76くらいの位置にあります。3のシンプルな図形を割ってできる3つの形のうち、残骸は0・76というような欠けのある皿になるのです。

　たとえば、グループにまだ未練を持ちつつ、グループから撤退して孤立するが、実はグループから呼ばれることを期待しているというようなイメージです。あるいは、情念の盛り上がりを避けるために、抽象的で数学的な理念や中身が空っぽの概念を振り回すなどという癖も出てくる可能性があります。それは多くの人にとっては説得力のないものですが、説得力がないことに喜びを感じたりします。イベントを企画しておいて、参加者が多くないほうが、むしろ盛り上がってしまうような妙な性質の人は、120度的安易さを避けようとしているわけです。120度が作り出す正三角形は、環境から遊離してしまいます。2は環境の中にすっぽりとはまってしまう。このふたつの間にありつつ、まだ120度にうしろ髪を引かれているという状態です。

　この時期に、空中楼閣的なことを考えることに喜びを感じる人がいたり、またときどき失敗して、自分のプログラムはうまくいかないのではないかと思う人も出てきますが、気にする必要はないでしょう。安易さを少なくしようと考えているだけですから。

12日目

Waxing Gibbous

力強い、よい1日

これは2週目の木曜日で、太陽と月の相対的な角度では、134・2度から、146・4度までです。この中には135度と144度のアスペクトが含まれています。135度は、45度の3倍です。これは力の圧縮で、ここでは密度の濃いものが進むということです。月の力は充満します。エネルギィを逃さず濃縮していくと考えるといいでしょう。

次に144度とは72度の倍数で、つまり5角形のふたつの辺を足したものだと言えます。たいてい、ひとつの辺と隣り合う辺はプラスマイナスという関係になりやすく、呼吸で言えば、「吐いて、吸って」の関係です。5角形は、順番に「吐いて、吸って」を繰り返すと、最後の5番目で「吐いて」となるので、1番目に戻るときにも「吐いて」になり、「吐いて」が重なります。奇数の図形は、このように、外に対して「吐いて」という働きかけが余ってしまうので、常に外に対して働きかけるというイメージでとらえてもいいかもしれません。「吐いて」というのは、何かを語ってしまうということでもあります。呼吸とは、

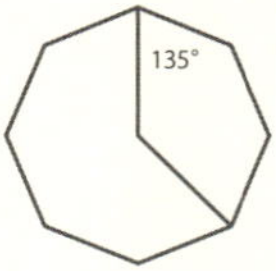

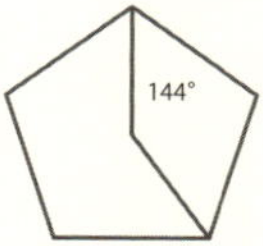

メッセージです。

１４４度はこの外に対して活発に働きかける5角形の中で、吐いて吸うという隣同士の組み合わせ、つまりは自分で言ったことに内心で納得するという律動を作り出していることを表しています。「こうでないか？　うん、そうだ、そうに決まってる」というような感じです。


11日目は、孤立的で、しかも理念にはまってしまい、それが周囲の人々と噛み合わない原因を作り出していました。ここに何かしら空虚感を感じたものの、12日目では遊びと楽しみの5角形が復活し、そこで、自分の中で納得していくというリズムが備わるのです。

５角形は一方的です。そしてひとりで納得するリズムということで、何かひとりごとを言ってる人のような印象もあります。１２０度的なイージーさから逃れ、そして違う図形に入って、そこで充実感を抱くようになったのです。そして、１３５度でエネルギィを十分に蓄積して、それから楽しい遊びにその力を使うのです。

東洋の文化では、この12日目というのは力強く、満月に至る中ではとても良好な日であると考えられているようです。

13日目

誠実さと忠実さと訓練が大切な日

これは2週目の華やかな金曜日です。曜日には惑星の名前がついていますが、ここでは浮動計算式、すなわち太陰太陽歴での金曜日ですから、今のグレゴリオ暦とは受け取る印象は違うかもしれません。しかし、金曜日はやはり金星的です。

金星は人体では腎臓に関係し、喜んだり落胆したり、感受することを意味します。感情の浮き沈みが激しく、何をするにしても、いちいち笑ったり喜んだり怒ったりするような性質です。それは若い女性の感情のリアクションがとても激しいのに似ています。若い女性というのは金星の象徴です。腎臓が疲れると、このリアクションが沈んで行きます。

太陽と月の相対的な角度は、１４６・４度から、１５８・６度までです。この中にはアスペクトとしては１５０度と、１５４・２８４度が入ることになります。１５０度とは訓練のアスペクトです。１２０度が天然の資質に依存するのに対して、生まれつき持っていない資質を練習や訓練で後天的に身につけることで、天然の資質を否定します。

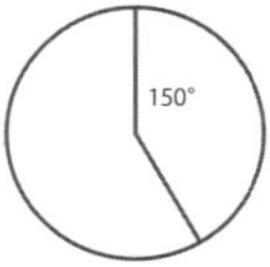

たとえば、音楽が上手になるには生まれつきの資質に依存すると考えるのは120度で、150度はベートーヴェンとかエジソンのように、1パーセントの才能と99パーセントの努力だと言いそうです。混ざり物を嫌い、純粋な意志を重視します。誠実さ、忠実さが大切な日にもなるのです。この150度は、太陽が月を痛めつけているという配置でもあるので、月は自分の資質を増大させることができなくなります。月は太陽に従属しなくてはならないと言われているようなもので、月の表すボーッとして無意識でいることや、うっかり同じことを繰りかえしてしまうことを叱責されます。

でも、これは成果がはっきり表れる段階に少しずつ近づきつつあることの兆候でもあります。太陽の意志に完全に従属しなくてはならないので、月は奴隷化しますが、むしろ月はそれを喜んでいるかのような気もします。なぜなら、月は地球（太陽の意味）の周りを回転しており、従う以外には何もできないのですから。

月はいつも地球に同じ面を向けています。わたしたちは月の裏側を見ることができません。見るのが恐ろしい感じもあります。そもそも惑星や衛星の自転とは、その天体の自立性の主張です。公転とは依存です。月は地球に対して自立しておらず、いつも言いなりだということです。地球の投影である太陽に対して、月は根本においては離反することができないのです。水星も太陽に対してはいつも同じ顔を向けています。

月は身体に深く結びつくので健康に関係しますから、ここでの１５０度訓練とは、健康のために何か運動するというようなイメージもあります。あるいはまた美容のためにいつも気をつけている、努力している、エステに行くなどといったイメージもあります。

１５４・２８４度は、51・４２８度の３倍のアスペクトです。自分の個性の強制化された流れがここでも生じます。１５０度の訓練の後、自分の個性の主張である１５４・２８４度に行き着くのです。整形などの人体改造は１５０度を意味しますが、整形すると誰もが似たような顔になってしまうと思う人は多いでしょう。単にこれは医者が、商業的に多くの人が認める美しさの基準に合わせているからです。いわば整形はその人の個性の撲滅です。集団的主観性の美意識によって自分を損なうことですが、ここでは訓練の後に個性を打ち出すということで、この集団的主観性に損なわれることはありません。

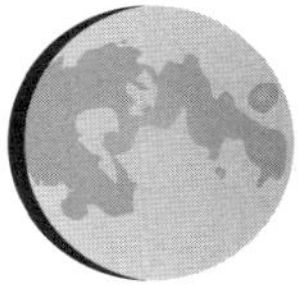

14日目

月に憑かれて自己を失う

２週目においての土曜日です。土曜日はもう平日の終わりで、平日の流れが止まりつつあります。昔なら半ドン。いまでは休日です。太陽と月の相対角度は、１５８・６度から、１７０・８度までです。

いよいよ太陽の光の完全反射としての１８０度に近づきつつあります。月が太陽の光を完全に反射する瞬間は、新月にも似て、月の忘我、無意識、自動運動的な性質が最大限に高まります。目覚めた意識を目標にする人からすると、もっとも警戒しなくてはならない時期です。一方で、願望実現として、この目覚めた意識が眠りこみ、月によって物質へと誘われることを求めている人からすると、重大な時期となります。

ただ、実際の願望実現は、形にした後に中身の意識は逃れ去ることを表すので、中身の意識が逃れ去らない場合には、作ったものを壊すことに似て、結果は崩れてしまいます。中身があると、それは形骸化した彫像にはならないのです。満月では、人の意識がモノ化するすれすれの部分で、意識が自分を引きはがして離脱します。

この14日目、イメージの魔力がピークに達する段階に近づきつつあるのですから、ここで分析したり考えたりするというのは難しくなります。魅惑されること、というふうに考えてもいいでしょう。

☽

音楽家のシェーンベルクの作品に『月に憑かれたピエロ』というのがありますが、月の力が最大限高まり、そして15日目のように意識が逃げ出すこともないので、月に憑かれて自己喪失する瞬間でもあるでしょう。

でも、月を外化するという点では、このイリュージョンの中にありつつ、自分を保っている人も出てきます。自己想起などをしている人は、明らかに多重化され、多次元化された自己というものを持っています。

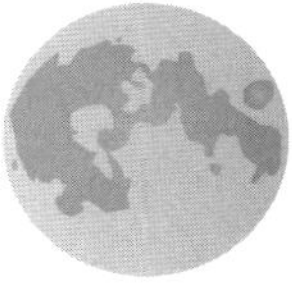

15日目

Full Moon

意図がイメージに変わる折り返し点

満月。太陽と月の相対的な角度は、１７０・８度から、１８３度までです。１日目で太陽から埋め込まれた意図は、月が示す気のエネルギィの中で育てられ、膨らみ、明確な形になってゆきます。占星術では、１８０度地点というのは、はっきりとしたイメージを持つ形になることを表しています。つまり何か実現したいものがあるときには、この15日目のものが完成したもので、意図はイメージに変わるのです。

意識は繰り返されると、眠り始めます。振動密度が低くなるにつれて、物質密度が高くなるという具合に、意識がどんよりと鈍くなるにつれて、イメージは形になりはじめます。形になるには、意識が眠らなくてはならない。というのも、振動密度の高いものは物質密度が低く、物質密度の高いものは振動密度が低いのです。創造、そして形にすることとは、振動密度が低くなることで物質の密度が上がることであり、それは意識がだんだんと鈍くどんよりしてくることを示すのです。

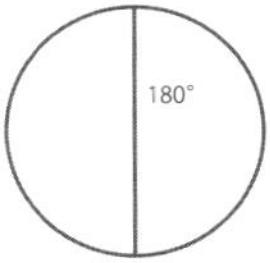

そのため、ここで意識は、この形象化していくイメージから離れようとします。そうでないと、自分が死ぬからです。一緒に岩に閉じ込められる気分です。この離脱のタイミングは、人によって、ぎりぎりまでとか、行き過ぎとか、手前すぎるところとか、さまざまです。執着心の強い人は、後の後まで残留しますから、その結果として、ますます執着心の強い人になります。

ある段階が来ると、意識がこの重くなった気の固まりを排泄することで、イメージが外化され、つまり意識は、それと自分とは無関係のものと思い始めます。そのことでモノはますます固まります。つまりは意識に追放され、ひねくれて、もう意識には従わないという姿勢になるのです。他人となってしまえば、言うことを聞かないのは当たり前です。

☽

わたしたちの周囲には眠ったままに取り残されたものがたくさんあります。つまり物質です。重すぎて、意識が離れようとする。この分離の瞬間が15日目で、それまでもどんどん重くなっていました。そもそも「わたし」という自我は思考でもない、感情でもない、物質でもない、意志でもないものです。自我は、これら感情や思考や意志やらを、二重、三重に着込んで活動しているので、いつも重たさを感じています。そのため、ここでさらにイメージに没入するというのは限度があります。

わたしは意識と物質というレミニスカートの関係のどこに境界線を置くのか、30年くらい考え込んでいました。月は内側か、月は外側か。この太陰太陽暦の1ヵ月のサイクルの中でも、この境界線問題は出てきます。それは、月がしだいに濃密に気を溜め込む満月までの間、いつ、意識はそこから離脱してしまうのかという問題です。

たいていこの15日で、意識は二分されます。軽くなった意識と、切り離された分身的なものです。外に現れたこの分身的なものを、まるでひとごとのように見ていくのが、15日目以後の流れです。

願望実現のコースとして、この形になったものを切り離したので、本人はもうこの願望は持っていません。つまり、願望とはそれを持っている間は持っているがゆえに実現しないのです。形になったものがもっと硬いものになるのは、この15日から1週後の22日目くらいです。つまり意識は15日目で離脱する。しかし願望の具体化というコースは22日まで継続し、固まっていくのです。それは意識がそこにないからこそ、固まることができると言えます。意識はじっと動かない状態を続けることはないので、かき回してしまうのです。冷蔵庫を休みなく開けてしまうとゼリーができないのと一緒です。

☽

ところで十五夜のお月見とは、帝釈天《たいしゃくてん》が鏡の中に映る人の行状の記録を見て、その人を地獄に落とすかどうか決めるので、「わたしは悪いことはしていません」と拝む儀式です。行状の結果が形になり、刻印される。そして、本人はそこから分離したい。月は銀に関係し、昔は鏡は銀で作り、月と鏡というのは関係のある事象です。満月のときに、人の行状や願望などがはっきりと鏡に映ってしまうのです。今日、十五夜の月は、月を愛でるものと考えられているので、本来の意味とは反対になっています。願望が実現したことを喜ぶ、そして月に飲み込まれる。本来の意味としては、鏡の中の何かしらぞっとする自分を見てしまう。そして意識はそこから逃げ出すのです。

わたしは水晶のスクライイング（物質を見ることからヴィジョンや幻視を得ること）などを教えていましたが、気は充満すると濃くなるので、このエーテル成分は映像を映し出すキャンバスになります。これと似ています。そして満月のときには、映像はかなり見やすいという面もあります。

新月から満月までのエーテルの流れに対して、次の新月からこの満月までの逆向きの流れがあります。これは意図の流れです。この反対の流れが満月で衝突します。すると、ここに形ある映像ができるということでもあります。これは男性と女性がくっつくと子どもが生まれるというのと何か似ています。エーテルの流れはそれ自体ではただ流れるだけで、映像化しませんが、反対のものがぶつかると、そこに静止が生じるのです。映像の静止です。

新月から満月までの間のまだ早い段階では、一方のエーテルの流れが早いので、川の流れのように流動的で、固まりません。満月の段階で反対のものとぶつかり、止まります。これは新月の空白と反対的な意味で似ています。新月は虚脱。満月は充満です。

新月と満月には事故が多いと言われます。新月に事故が多いのかどうかはわかりません。というのも、ここでは月が仮死状態になるからです。一方、満月では月が優勢になり、何かのイメージに我を忘れてしまい、うっかりすることが多いので、事故が多くなるのではないかと思います。

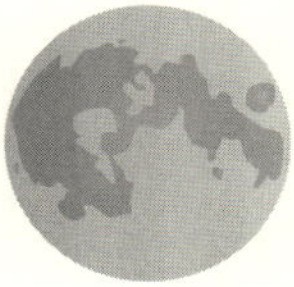

16日目

脱力と空虚の日

太陽と月の相対的な角度は、１８３度から１９５・２度までです。

太陽の光は月が許容する最大範囲まで　受け取られ、月は物質を示すものではありませんが、物質に至るまでの振動密度の低下と、それに反比例した物質密度の高まりを見せていくので、太陽としての意識は最大限鈍化されました。そして、折り返し点の１８０度から、意識はこのイメージに没入する行為から離脱するので、人間意識は分裂してふたつの方向に割れます。ひとつは軽くなり、ひとつはますます重くなっていきます。ひとつは目覚めようとし、ひとつは眠ろうとします。

これは満月までは願望実現に励みを感じていたのが、この15日目の段階でそれが満たされてしまうと、励みを失って虚脱状態になるということでもあります。あるライバルを追い越すことを励みにしていた人が、ライバルを実際に追い越してしまうと、次は何をしていいのかわからなくなります。この虚脱状態から逃れるには、すぐさま何か新しい目標で心を満たさなくてはなりません。

浮動計算式の月曜日は、これまでと同じように、ノーアイデアのまま可能性を模索するためにうろつきます。人によっては、15日目までの目標の反対のことを言ったりします。15日目までは金持ちになりたいという願望で走っていた人は、折り返し点をすぎると、こんどは「人はパンのみで生きるのではない」などと言い始めます。お金持ちはみんな「人間、お金だけじゃないよ」と言います。それはもう達成してしまったからです。

ということは、16日以後の目標とは、あまり物質的なものにこだわらず、精神性の方向に向かいやすいということです。脱力感から急いで脱出しようとしたあげく、空虚で妄想的な目標を立て、そこに邁進してしまうという場合もあります。なんとなく緊急状態になっているのです。

満月以後、月には光る面が減っていきます。それはしだいに太陽が優勢になることで、月は自分を主張するのではなく、太陽に道を譲ろうとします。そのため、個人性が少しずつ減っていくということになります。

そういうとき、人に相談したり会話したりして、方向づけをしたいと思うかもしれません。でも、自分の中に付け焼き刃的な思想などがあると、それを元に人に対して批判したりすることもあります。また人との関わりで、ショックを受けたりすることもあるでしょう。空虚さに飲み込まれてしまうからです。

日にちの数字をそのまま数占い式に考えるならば、16とは「崩壊」の数字です。言葉をかえれば「脱皮」です。

まだ15日目の翌日なので、分裂したふたつの自分に引き裂かれたまま矛盾を抱え込んでいます。14日目が夢に我を忘れるとしたら、15日目はある種の空白、台風の目に入ったかのようで、そこから離脱する16日目は、いわば満月を挟んで14日目とも対応しています。そのために、14日目が自分の夢見に我を忘れるとしたら、16日目は、外で観察して手に入れたものに夢中になるという傾向もでてきます。アイルランドの詩人イェイツは、14日目は「もっとも美しい人々だ」と言っていますが、それは夢のヴィジョンに肉体が従うからかもしれません。その点では16日目は夢の身体、すなわち月を引き離そうとしているので、こんどは醜の段階であると言えます。肉体的に醜い。そして精神性としてはむしろ純粋であるということになりますが、あくまでこれは象徴的な話で、実際の美醜に対応しているわけではありません。

17日目

精神的な目標に向かって走り出したくなる日

太陽と月の相対的な角度は、195・2度から207・4度までです。ここでは占星術のアスペクトの205・716度が含まれます。これは51・428度の4倍数です。つまり7角形の中にある頂点の4番目ということです。そのことで、個人の個性化衝動という際だった刺激が生じます。つまり、自分だけの特別な性質をここに付け加えたいということです。

誰でも自分だけが持つ個性的な力を発揮することを求めています。受動的な人であれば、これは裏返しとして自分だけを愛してほしいという欲求です。世の中には無数に似た人がいて、その中でわたしだけというのはどれだけ贅沢な要求でしょうか。自分だけの優れた能力を発揮したいということと、自分だけを愛してほしいというのは、裏表なのです。16日目は借り物のスローガンをとりあえず急ぎで取り上げましたが、17日目ではそのことをもうやめてしまうのです。

ところで生命の樹というカバラの図表では、胸の位置に太陽があり、腰の位置に月があります。そしてそれぞれの中枢をつなぐパスというものがあり、タロットカードがこれに対応しています。

太陽から月に液体が注がれる新月は、〔14〕「節制」のカードに対応します。意図を気の身体に流し込むのです。次に8日目の半月では、重要な折り返し点として〔17〕「星」のカードが対応し、15日目の満月は〔21〕「世界」のカードとなります。その後、戻りの半月、すなわち22日目は〔19〕「太陽」のカードになります。

時間の経過は過去から未来へと進みますが、意図はその反対に動くので未来から過去へと流れていきます。つまり相反する流れが、この四つの節目を通じて交差するのです。

満月は静止点でもあります。満月はこのふたつの流れが衝突して静止する場所で、それが映像の現出ということでもありま

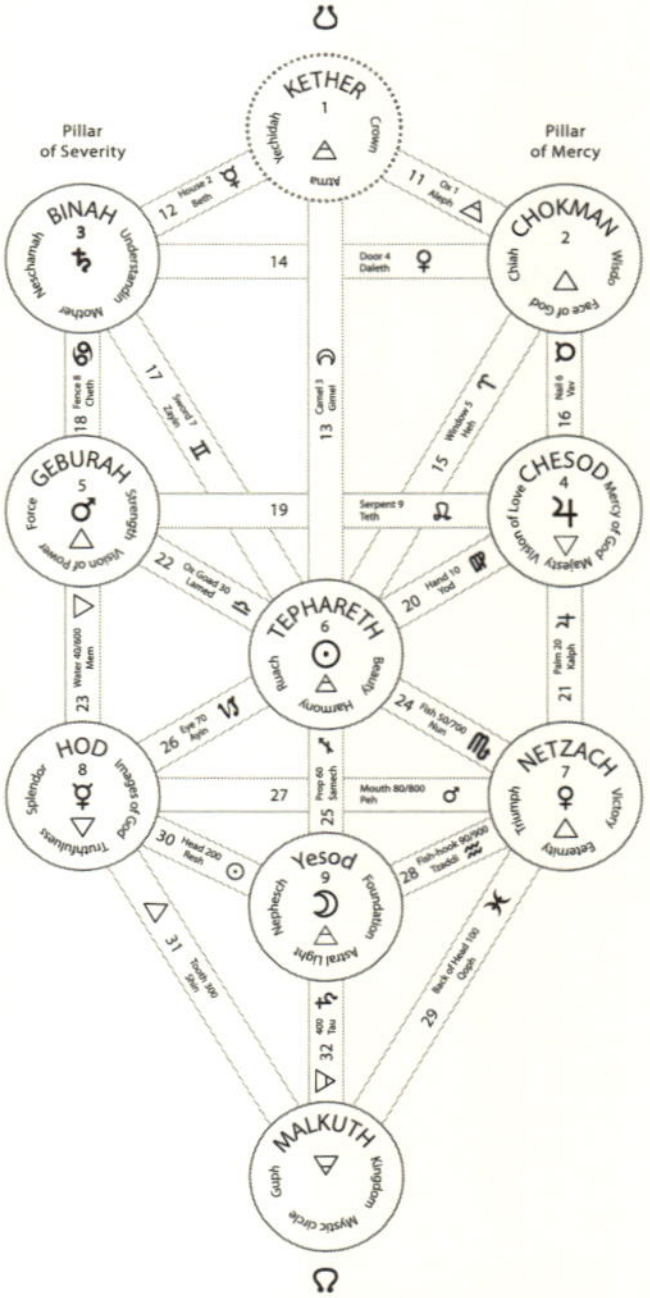

▲生命の樹。胸の位置に太陽が、腰の位置に月がある

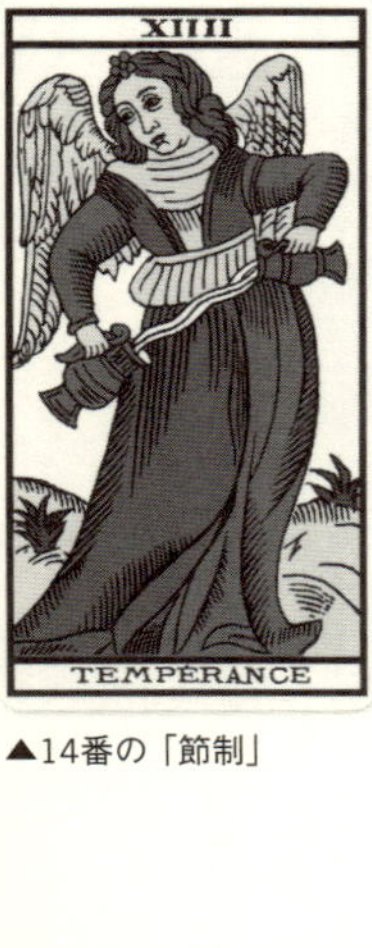

▲14番の「節制」

したが、また後半の分裂した意識の流れが始まる場所でもあります。未来から過去に向かう意図の流れに気がつき、そちらのほうに乗り気になったのです。

　この分裂したものは、［19］「太陽」のカードのふたりの子どもにも似ています。このふたりの子どものうち、ひとりは物質的な子ども。もうひとりは、気の身体を持つ非物質の子どもです。22日目は、月の物質化のコースが、最大限に硬化するので、二人の子どものうち、ひとりは硬直した身体を持ち、老いていく途上にあります。つまり、身体を持って生きるわたしたちのことです。

［21］「世界」のカードから［19］「太陽」のカードに向かう流れが15日目から22日までのコースであり、17日目とはその中の3日目に対応。追求する精神的な方向性が、抽象的ではあるけれどもしだいに固まりつつあり、51・428度の倍数も関係して、駆り立てられるような力が湧いてきます。

　方向が決まれば、単純化するのは当然です。すでに15日目以後、分裂した人格が葛藤を起こしており、これが22日目でくっ

▲19番の「太陽」

▲21番の「世界」

▲17番の「星」

きりとふたりの子どもに変わるまでは、意志がふたつの間を揺れ動き、何かと不安定なのですが、それを隠すために逆に単純化した行動に走ることになります。

何かスローガンを掲げて集団行動をとることもあるかもしれませんが、その場合も、すぐさまスローガンとは反対の方向に進んでいくかもしれません。51・428度が関係するので、走らないではいられないのです。

18日目

克服すべき課題の出現

太陽と月の相対的角度は２０７・４度から２１９・６度まで。ここには２１０度と２１６度のアスペクトが入ります。それぞれ、１５０度と１４４度の裏返しです。１４４度は72度、つまり5角形の一辺の2倍数です。このふたつのアスペクトに強く影響を受けるのが、自己改造や遊びの精神の解放といった面です。

１５０度は訓練や練習といったことに関係するアスペクトなのですが、裏側の２１０度にまで視野に入れると、それは改造ということになります。たとえば、楽器の練習をしている人は、上達することで自分の中の一部の要素を作りかえようとしています。ところが２１０度になると、この作りかえるターゲットは本人そのもの、すべてになってしまうのです。それが自己改造ということです。

１５０度にしても２１０度にしても、出来合いのままでは使い物にならないと思っていて、たとえば、道具を手に入れても、それをカスタマイズ、つまり改造しないではいられ

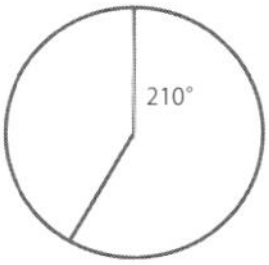

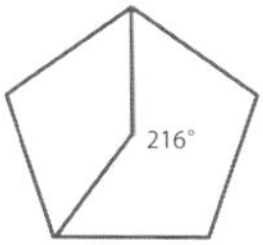

ません。先に210度がきて、次に216度が来るのならば、最初に改造して、次にそれを遊ぶということです。買ってきたバイクをまずはチューンして、それから走るのです。

この改造のターゲットは、タロットカードの［19］「太陽」のふたりの子どものうちの、非物質的な子どもの側です。遊ぶのも同じ側。なぜなら、意識は、満月で成果を得たものを放置して先に進もうとするからです。意識はこの月の力に埋没すると、損なわれてしまいますから、できるかぎり知らないふりをして、非物質の子どもを成長させることに邁進します。それが精神的な方向性ということなのです。そのために、知識を求める性質も強まります。

以前、わたしは禅の十牛図について本を書きましたが、水曜日は十牛図では牛と牧童が綱をひきあって戦っている第四図「牽牛《けんぎゅう》」を表します。落ち着いて満足しているというより、何か克服すべき課題が出てくるということです。「太陽」のカードのふたりの子どもが互いに綱をひきあっていて、そこに緊張感が生まれているということでもあるのでしょう。

▲十牛図の第四図「牽牛」

19日目

Waning Gibbous

虚脱を乗りこえる

太陽と月の相対角度は、２１９・６度から２３１・８度までです。ここには２２５度のアスペクトが含まれます。これは１３５度の裏返しで、45度の5倍数でもあります。力強くエネルギィを溜め込み、それが強い説得力を発揮するようになります。とくに社会的な面で顕著です。

社会とは人と人の関わりによって作られたもので、社会的に力があるとは、人に対しての説得力や影響力の強さがあるということです。押しが強くなり、反対を押し切る力が出てくることになりますが、それはタロットカードの［19］「太陽」のふたりの子どものうちの非物質の側、精神性という面においてです。ときには純粋な知識欲ではなく、単に人をねじ伏せることが目的という場合もあり、そういうときは、自分の中で考えが次々と移り変わっているとしても、それを自覚していません。

自分の知識がどのくらい堅固なのか、つまり知識への確信があるのかどうか。それを確

かめるために人にぶつけてみる場合もあるでしょう。この相対度数の範囲を占星術で考えるなら、太陽を1ハウスの始まりとして、8ハウスの9・6度から21・8度までとなり、この中には8ハウス的な意味、あるいは蠍座的な意味の頂点である、蠍が鷲に回帰する度数が含まれています。人を集めてその頂点に立つ。あるいは人垣を作ってその上に上がることで、より高いものを目指す度数です。

☽

この朔望月の4つの週は、種まき、成長、成果、定着と分解を表すと説明しましたが、自己実現コースとしては3週で完成します。この19日目は、3週目の木曜日なので、形になった成果を横目で見つつ、違う側面のほうを確実な力を持つように育成します。いずれにしても、実現したものは意欲を刺激しないし、興味も半減どころか6割減です。

45度のバリエーションは、生命感覚の充足に関係します。誰もが生命感覚を充足させるためにあがき、ときには依存症になったりもするのです。ここで15日目から16日目の虚脱を完全に乗り越えることができたと確信することもできます。

20日目

太陽の意図に沿う暮らし方を探す

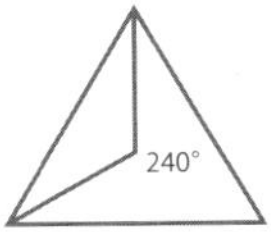

太陽と月の相対角度は２３１・８度から、２４４度までです。この中にはアスペクトとしては、２４０度が含まれています。これは１２０度の倍数です。１２０度のアスペクトの段階、つまり10日目のときには、月が太陽から逃れていく途上で月の勢いが強まり、なおそれに太陽が追い風を与えている段階でした。そのために、月のイメージ化作用の中に素朴かつストレートに没入することが可能でした。夢はそのまま実現の方向に向かっていくということです。１２０度はある種自閉的な、外からの影響を受けにくい自律運動だと言えます。

ところがこの２４０度の段階になると、月は太陽に向かって進んでおり、いわば10日目の流れとは反対に逆流しているような印象になります。月は自身のイメージを脱ぎ捨てて、太陽に飛び込むという方向を進んでいます。太陽が本質で、月は周縁的なイメージを形成するものという点では、色とりどりの感覚的なことを楽しむよりも、本質的なことを

極めたいという満月以後の後半の流れの中で、１２０度のバリエーションの２４０度はスムーズな加速力を強めます。

ただし、これは月のイメージの破壊ではありません。月が作り出す具体的なイメージが太陽の意図に貢献できるようにまとめられていくという点で、調和的な生活イメージや見た目などを選択するのです。人格が重すぎない、つまり余分な飾りやよけいな欲求のない、太陽に追従したいという意志を打ち出した生き方です。

☽

満月以後、人は分裂して、精神性を追い求める面が出てきたと書きましたが、ここでは月が素直に、それにふさわしい形態を引き出すのです。あらゆる具体的なデータや事実は、みな太陽の意図を裏書きしているように思えます。どんなものを見ても、みな、この太陽の意図を忠実に反映していると見えるのです。起こる出来事はみな偶然ではないんだと言いたげです。

21日目

太陽の目的を目に見えるように主張する

太陽と月の相対角度は２４４度から２５６・２度までです。この中にはアスペクトとしては、２５２度が含まれます。これは１０８度の裏返し、つまり36度の7倍数で、10角形の中におさまる角度です。

10分割のアスペクトは、他人にプレゼンしたり、また子孫などに何かを伝えるというものです。そもそも他者に何ごとかを伝えるなどということは奇跡のようなことです。正確に伝わることなどありえないからです。人は誰でも勘違いしつつ伝言ゲームをして、最後にはもとのメッセージがまったく残っていないという結果になります。10分割は、そうならないように正確に伝達しようとするのです。

☽

20日目では太陽の目的に沿ったなりふりを作ることに熱中しましたが、ここでは人に見せてわかるように、ショーウィンドウの中に配置するようなやり方になります。たとえば、宗教を追求する人は、白い衣服を着て胸にペンダントを下げているとニューエイジが流行したときの求道者的マインドを人に知らせることができます。プレゼンが上手な人は、中身以上に自分の特徴を人に印象づけることができます。

中身だけを考えて、外見を考えない人は、本人が思う以上に人に理解されないものですが、この見せることに長けたケースでは、中身よりも披露する姿のほうが見栄えがするのです。そして状況や具体的な場所などに依存することにもなります。

10角形は具体的な場の中に埋没してしまう傾向があります。月はそもそも物質的な場そのものを表すのでなく、その上空にある薄い気の膜でもあるのですが、外形を整えるには、もっと特定の場の中に入る必要があるのです。

22日目

切り替え地点

太陽と月の相対的な角度は、２５６・2度から２６８・４度までです。この中にはアスペクトとしては、２５７・14度があり、これは１０２・86度の裏返し、つまりは51・４２８度の5倍数です。これは7角形を示し、願望成就のために駆け出すことや、積極的なチャレンジ、どうしてもしないわけにはいかない運命的強制などを表します。

１日目、８日目、15日目、22日目は日曜日で、それぞれ、重大な方向転換を表す場所です。月は虚脱状態になるか、忘我にはまるか、あるいは相反する勢力の中で眠りと目覚めの苦痛を味わうか、いずれにしても、ずっと同じコースを歩くわけでなく、方向転換の地点となります。日曜日は通常の仕事はしてはいけないというのは、通常の仕事がいわば直進するレールだとしたら、ポイントを切り替えて進路を変えるのが日曜日なので、そのときには列車は停車、ないしは徐行していなくてはならないのです。ここは半月としての日ですが、正確な90度の転回点は２７０度の位置なので、１・６度足りません。しかし大ざっ

ぱですが、ここが切り替え点なのです。

ここで生命の樹のパスで半月に対応させた［19］「太陽」のカードのふたりの子どもは衝突します。それまで15日目以後人格に分裂が生じてから、意識はこのふたつのうち、ひとつを知らないふりをし、放置していました。できたものには興味を失い、緊急の問題である、空虚になった心を埋める新しいテーマに熱中しようとしたそのとき、90度の切り替え点に遭遇してしまうのです。それまで放置していた部分がクローズアップされ、それが横からぶつかってきます。この非物質の子どもと、物質的に固くなった子どもが衝突しているときに、しばしば表の顔と違うことをしている人がいます。表の顔が公明正大ならば、裏の顔はなんとなくその反対です。このように相反するものが出てくるのは、ふたりの子どもが同じくらい元気に活動をしているからかもしれません。

これは新月と満月という対極にある勢力の均衡点でもあるので、このバランスを保とうとしていると考えてもいいでしょう。新月とは太陽が主導権を握り、月は仮死状態になったこと。満月は月が最大限に力をふるって、太陽の意識的な要素が昏睡状態に陥ったことです。眠りと目覚めの間を揺れ動き、危うい綱渡りをしているかのようです。この眠りと目覚めの切り替えを促すのは、7角形の力で、自分の志を思い出すことで目覚め、眠りとしては、それの足を引っ張るという形で現れるかもしれません。二極化すれば、それはたいてい対立物になるからです。でも、そのことで思慮深くなるとも言えます。

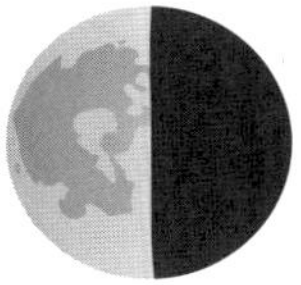

Third Quarter

23日目

反省会の始まり

太陽と月の相対角度は２６８・４度から、２８０・６度までです。この中にはアスペクトとしては２７０度が入ります。これは90度と同じものです。

本来、このアスペクトは、22日目のほうに入るべきかもしれません。３６０度を太陰太陽暦の１ヵ月29・５日で割ると、１日がおよそ12・２度になるので、これを足し算で毎日進めていったのが、これまで表示した太陽と月の相対的な角度です。そもそも29・５日は、１週間である７日をそのまま４倍にした28日ではありません。ですから、大雑把に22日目と23日目が90度のターニングポイントであると考えてみてください。そもそも新月というスタートが、昼かもしれない、朝かもしれない、もしかしたら夜かもしれないというところで始まったのです。それに23日目の始まりが２６８・４度だとすると、あと１・６度で２７０度です。おおよそ月は２時間で１度進みます。そのため、３時間少しで90度になるのです。

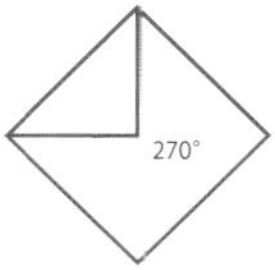

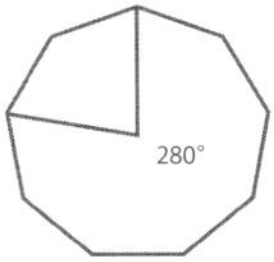

ここではもうひとつ、280度のアスペクトも入ります。これは80度の裏返し、つまりは40度が作る9角形のバリエーションです。スクエアから9角形にシフトする流れだと考えてもいいかもしれません。それはたとえれば、地上での勢力のせめぎ合いや緊張から逃れるため、抽象的な理念によって身を守り、現実の世界には深入りしないことに決めたというようなものでしょうか。都知事に誰が選ばれるか気を揉むよりも、誰が選ばれてもそう変わらない。それは遠目から見ると、大同小異だからと考えるようなものでもあります。実際90度の緊張感というのはなかなか強いのです。眠りたいときに無理に起こされるような気分です。ここでは超越によってそれを克服しようとするのです。

22日目あるいは23日目の折り返し点から、新月までの1週間は、オカルト結社においては座学の時期と言われます。それはすでに月が新月に向けて無力化されつつあり、意識は抽象的な思考を紡ぎだすことに従事するようになり、オカルト作業に不可欠の気の力、エーテル体、月の力がどんどん痩せてくるからです。何か不思議なことが起こりそうには見えず、空気は薄く、透明で、すっきりしており、何を見ても、エッジの鋭い事物しか存在しないのです。つまり新月からの願望実現コースにおいては、ここで次々と作られたものを壊していくということが起こります。

15日目において夢に見ていたものは、気の充満したものの中に姿を表し、もうそれで気分的に満足して、具体的な形になることに興味を失います。するとイメージは、意識という流動させる要素が抜けていくことで硬化を始め、22日目でもっとも硬いものとなります。その後、この最後の1週間でそれは腐敗し、崩壊します。そのかわりに、もうひとつの精神性は身軽になり、抽象的なことを考えることができるようになるのです。つまりはまとわりつく月を黙らせたのです。月はだんだんと死にかけていきます。

ここで精神的な目標といった座学的なテーマを打ち出し、1週間学習するか、あるいはこれまでの新月からの流れの反省会をするとよいでしょう。反省会では、ふたりの子ども、つまり15日目で分離したふたつの人格について比較検討してみるのがよいです。

目に見える成果。それに対して、精神的に思うこと。過去から未来に時間が流れるとき、意図は未来から過去に流れます。この意図に近づきやすくなります。そもそも自分はなんのために生まれてきたのか、などを考えてみるのもいいでしょう。

24日目

気の力の衰退

太陽と月の相対的な角度は、280・6度から、292・8度までです。この中には、アスペクトとしては288度、すなわち72度ごとで作り出される5角形の4番目の頂点があります。

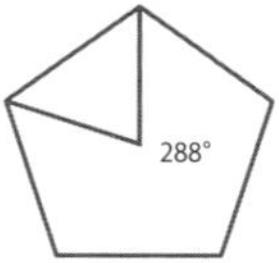

ここでは、月の脱力化した最後の1週間を遊ぶための題材を見つけ出します。5角形は転んでもただでは起きないのです。つまり、ここで気の力の衰退というものを、逆手にとって、そこに優位性を作り出そうとします。

月はやせ細ってゆき、虚弱になりつつあるのに、この月と太陽の間に72度の関係が作られています。そして太陽はますます明晰になりつつあります。これは屈強な男が、今にも壊れてしまいそうな人形をふりまわして遊んでいるかのようなイメージです。プッチーニのオペラの『ラ・ボエーム』では、薄幸で病弱なミミを死なせることで情に溺れたドラマを盛り上げましたが、これは月の弱々しくなっていく状態を遊ぶという例の一つでもあるでしょう。

月を伴うことのない抽象性というのは、脳幹を刺激しない、何かしら頭でっかちの活動ですが、ここでは月は弱いながらも活動に参加させられています。つまり弱くなることを遊ぶという意味です。いずれにしても、イメージを活用するような瞑想や作業などは、この1週間は成果が得にくくなります。達人はそれに振り回されないと言われていますが、それは第二の月、わたしが中二階と呼んでいるものを使っているからです。つまりエソテリックの人々です。

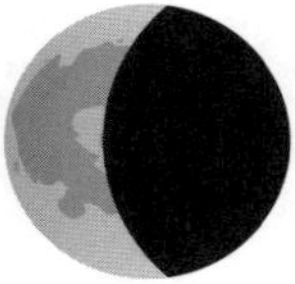

25日目

弱まる個人性

太陽と月の相対的な角度は、２９２・８度から、３０５度までです。この中にアスペクトとしては３００度、つまり60度の裏返しが含まれます。そして4週目の水曜日です。

60度は6角形の一辺なので、これは外界にあるものと呼応することを表していますが、ここでは月が太陽の位置に戻ろうとしており、月がしだいに弱まりつつある段階であるため、月が太陽に呼応しようとしています。なおかつ六角形は柔軟にその場その場で対応できるので、太陽の都合に合わせて月がそのつど姿勢を変えることになります。

月は受容性や反射することなどを表しており、太陽に呼応するということは、月そのものの主張をかなり弱くしていくことになります。あたかも自分がいないかのように従うのです。従いすぎると、それはもう付属品のようで、まるでそこにいないように見えるのです。結果として、誰の中でも個人性というものが薄くなり、太陽の示す公的な、あるいは意識的な性質に道を譲るという考え方になります。つまり個人的な発言をしたり、個人的

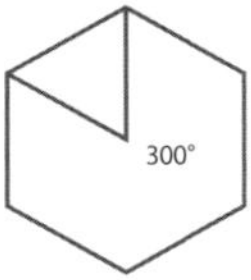

な見解を表明したりするということは控えられるようになります。

もし太陽を牡羊座の0度と想定してみると、月は山羊座の22・8度から水瓶座の5度までの間に位置していることになります。ハウスに対応させると、10ハウスの終わりから11ハウスの始めです。この山羊座から水瓶座に推移することのニュアンスは、特定の場で不動でいることから、どこにでも通用する理念的なものへと誘導することにあります。また、この度数の周辺では多くの場合、とても非個人的で、理念が勝ち、それが世界中に、あるいは多くの人に広がります。または、社会的な立場を捨てて、改革の道に入るというような意味でもあります。

月はすでに存在する過去のイメージを蓄積している眠りの場ですから、60度で太陽に従うのならば、過去の時代にそのような行動をしてきた人々のイメージが浮上してきます。理念によって生きるということを目標にしてしまうと、それは太陽を強調することになります。かつてそうしてきたもののイメージに覆われ、取り憑かれるというのが月です。

太陽が支配者、月は大衆という考えもありますが、そうであれば、支配者の要求に大衆は6角形的な反応性で従っていることになります。

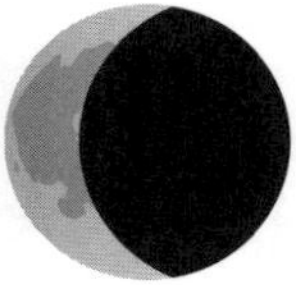

26日目 無力になる月

Waning Crescent

太陽と月の相対的な角度は３０５度から、３１７・２度までです。この中にあるアスペクトは、３０８・５７２度。これは51・４２８度の裏返し。つまり７角形の、最後の６番目の頂点にあたります。

51・４２８度とは、７角形の始点から数えて２番目の頂点です。このような多角形ではスタートは点なので、いまだ何者でもない状態です。そして２番目の段階で、これが７角形であることが判明し、その可能性を探索するようになり、最後の６番目では、この７角形の性質を定着、完成させようとしています。でも、最終的に完成するのは始点と重なったときです。

図形の頂点は意識が目覚めるところであり、辺は眠ることを意味します。51・４２８度とは運命的な強制、駆り立てられること、水が上から下に落ちるように止まらず動くことを意味します。これは自分の中にある個性化への欲求であり、何かを達成したいというこ

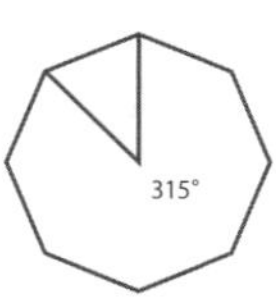

とでもありますが、それが6番目で完成しつつあり、同時に、それは満月で作られた物質的な実現の方向に対して反対の意志を抱くという意味でもあります。

満月でイメージが実現したとき、多くの場合、「自分はこの月の昏睡の中に埋もれて死ぬべき人間ではない」と思い、そこで分裂をし、そして非・月的人間に向かい、90度で割れたふたりの人間となり、純度の高いひとりの側を、この個性化の段階にまで高めてゆきます。

もうひとつのアスペクトとしては315度もあります。これは45度、すなわち8角形の最後の7番目の頂点を示しています。エネルギィが蓄積され、誰も壊せないような凝縮度を示すのですが、ここではむしろ精神性の集中度を高めるために働きます。45度と51・428度を含むのは、4日目と5日目の裏返しとも言えます。

26日目のあたりでは月の力はおよそ無力化されつつありますが、そもそも月は人間の肉体の周囲を取り囲む磁気膜です。それは帯状で、外から来るノイズを吸収していく性質もあります。これらが弱まっている場合、個人性ということに閉じこもるわけにはいかなくなり、荒れ果てた脆弱さを補うためにますます太陽に自分を捧げていくということになりやすいのです。

25日目までは非個人的な広がりの中にありました。しかし、水瓶座5度から17・2度までの帯域で、人間は非物質的ネットワークに参加することになり、自我をそのネットワーク上で形成しようとします。その段階で、地上でしばらく生きるためには、別個に演じる人格を作らなくてはならない。そしてまたそれが奪われたりもします。演じたり、またその演技が効果をなくしたりします。

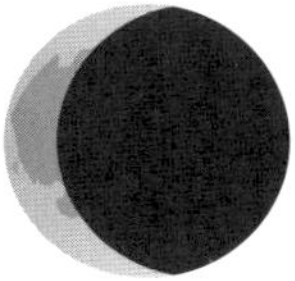

27日目 不要なものを捨てる日

太陽と月の相対角度は317・2度から、329・4度までです。恒星月ならば月の進行度数だけをカウントすればいいのですが、朔望月は太陽が1日に1度ずつ進んで、後ろから追いかけてくるので、新月に回帰すると、出発点の新月の場所よりももっと進んだところになります。大雑把に30度前進した場所で新月になります。前の新月から始まったものの結果が、次の新しい目標を生み出します。そうやって螺旋状態に進むのですが、それは太陽の都合であり、月が見るものはまた違います。月からすると、これはとても不安なものです。

新しい指令は、常に過去の記憶しか追いかけない月としては許容しがたいことで、そもそも月はプログラムされたパターンの中に眠り込みたいのです。

伊勢神宮は20年ごとに遷宮しますが、いわば太陽もそうやって30日ごとに遷宮しています。旅から帰ってきたら親が引っ越していたというみたいに、26日目ではある程度荒れ果

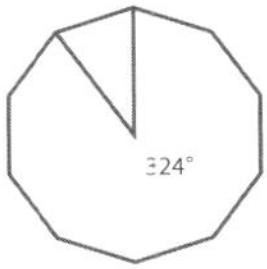

てた矛盾した人格の中で揺れていましたが、27日目では月が抱いた過去のイメージを捨てることをはっきりと覚悟します。いつでも太陽（地球）の周りだけを回り、自分に軸を持ってはならず、永遠に追従しなくてはならないと思うと月のプライドは壊れてしまうのです。

満月から次の新月までの間にある月の重大な危機とは、22日目の衝突、25日目の月を支配すること、26日目の混沌、そしてこの27日目の自己放棄でしょう。

この場所には36度の裏返しとしての３２４度が含まれています。36度の示す10角形は、見知らぬ外界との接触やプレゼン、つまり自己紹介ですが、ここではこの作用が反対になっていて、月は外界から新しい情報を持ち込まれています。異質な何かが働きかけてくるという感じです。

この日にお掃除して、不要なものを捨てるというのもいいでしょう。月落としです。

28日目

月の抜け殻

太陽と月の相対的な角度は329・4度から、341・6度までです。この中には占星術で使われるアスペクトはありません。新月が0度ないし360度であるとすると、18・4度進むと、もう新月です。太陰太陽暦の1ヵ月がおよそ29・5日だとすると、1日半すると、次の月の始まりです。

占星術では進行の太陽と進行の月の新月からのスタートということを、わたしはよく話題にします。進行法とは1日を1年とみなして計算するものですが、およそ30年サイクルで新しい目標があり、達成するのに15年がかかり、30年経過すると次の目標が始まるというようなことを説明します。

進行法での新月の前2年ほどは目標を失い、張り合いがなくなり、無気力と惰性の中で暮らすことが多くなります。この無気力と惰性というのは、太陽から次の指令が出ておらず、しかも前の月の位置には戻れないという谷間に落ち込んでいることに関係があります。

生まれたときの月の位置は、その人が眠り込む場所です。そこは安住できる場所でもあります。しかし進行法計算では、月の回帰する家は30年ごとに遷都されていきます。月にとって満足できることは、同じ場所をぐるぐると回ることです。それがとくにできにくい28日目とは、太陽は指令をまだ出さないが、前の場所にも戻るなというものです。実際は前の場所に戻っていますが、それはかつてのような場所ではなく、すでに廃墟になっているのです。恒星月では、スタート地点に戻ったことになりますが、朔望月では、ここは抜け殻なのです。この独特の中途半端さがあるために落ち着かない時期になるのだと言えるでしょう。

あるいは太陽と月の相対的な関係を忘れて、月の恒星位置、つまり月独自のアイデンティティに眠り込む場合には、ここは元に戻った場所として、原点回帰のようにもなります。初めの目標設定のときを思い出してみるといいでしょう。初心を思い出すと、かつてそこに心はありましたが、いまは心がありません。そして形だけが残っています。主人のいない家にたとえてみてもいいでしょう。わたしは軍艦島が好きですが、軍艦島ツアーなどもいいかもしれません。

29日目 目標を持たずにフラフラする日

朔望月の1ヵ月は29・5日ですから、ここは最後の日となり、明日は新月で新しい目標を打ち立てるときです。

朔望月は、太陽が月の後を追いかけて1日1度移動しますから、次の新月は前の新月から30度くらいずれています。最初の新月で太陽が指令されたものを達成したが、戻ってみると、太陽はそんなことは言ってないというのです。その結果、月は安心立命の場を奪われ、いつまでも落ち着かない状態でいなくてはならないのです。しかし、それは人間からすると救いでもあります。

というのも、月は人を食う。つまり眠りの中に、物質的な世界に人を引きずりこむのです。でも、太陽がこの月を振り回すことで、月は昏睡に入ることを妨げられます。すると、人間はいつまでたっても眠る場所を手に入れることができず、落ち着かない日々を過ごすので、かえって目覚めていられるのです。仮設住宅で過ごす人のようです。

さてこの29日目とは、最初の出発点の恒星月の位置を過ぎた、余計な1日です。つまり、新しい太陽との出会いを求めて、未知の場所を移動しています。それは約束を叶えるために見知らぬ土地に旅したようなものです。知らない場所で落ち合うというわけです。とはいえ、恒星月の前のサイクルでは、もちろんこの位置は知っています。知ってはいるが、それは記憶の奥底にあるもので、月レベルにおいて表層化していないものです。

見知らぬ空白地帯を、待ち合わせ時間が来るまで放浪していてくれと言われているので、大した目標を持たずふらふらしましょう。できるかぎりボケていたほうが、ここでは準備が進みます。

トランシットの月の位置を知るには

朔望月ではなく、恒星月の視点からホロスコープ上の月の位置を知るには、トランシット（経過）の月の位置を探します。WWW・ASTRO・COMでは次のような手順で知ることができます。

STEP 1

www.astro.comにログインします

51ページで説明したように、ユーザー登録をしてログイン。URLは［http://www.astro.com/horoscope/ja］

STEP 2

[占いの図と計算]からさまざまなチャートへ

[無料ホロスコープ]のポップダウンメニューから[占いの図と計算]→[出生データによる、さまざまなチャート選択]を選びます。

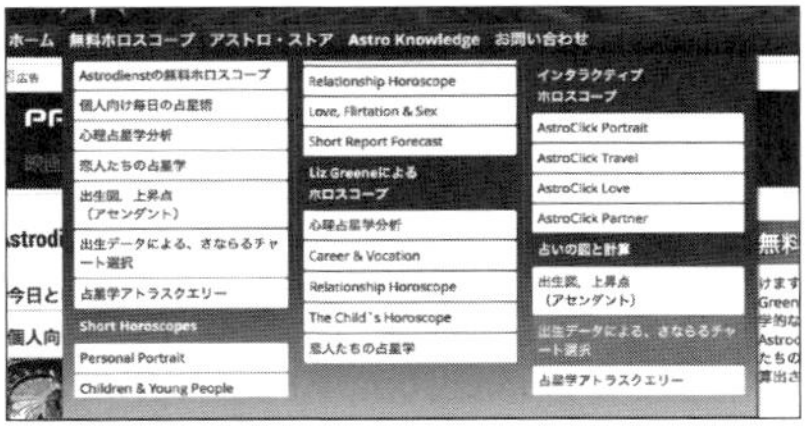

STEP 3

[出生と経過]を選びます

表示された次のページで、「希望のチャートを選択してください」の選択肢から[出生図と経過]を選びます。次に、「表したいチャートの日付」の項目で、知りたい年月日を入力します。表示したい人の名前などを確認して[クリックしてチャートを表示]をクリックします。

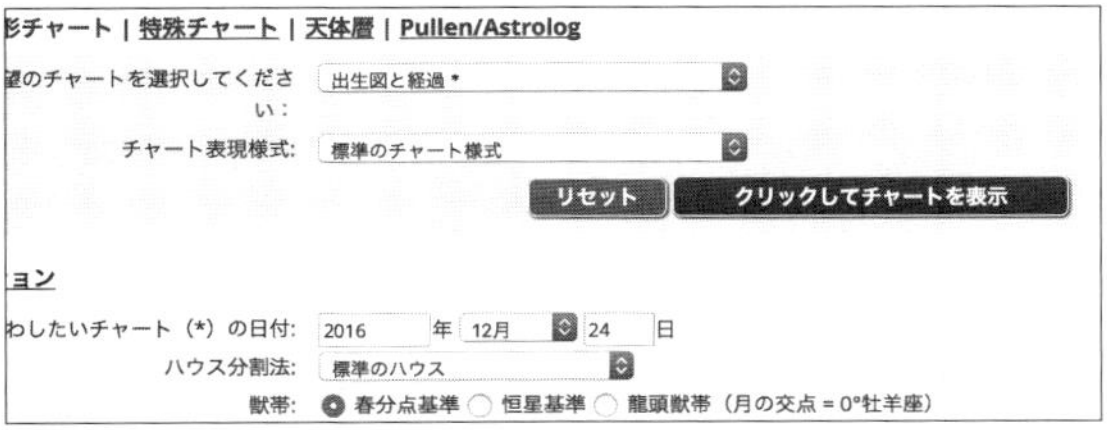

STEP 4

出生図と経過図が重なったホロスコープを表示

出生図にトランシット（経過）の天体を重ねて表示したホロスコープが表示されます。内側の天体が出生時のもので、外側の天体が指定した年月日の天体の位置です。恒星月の視点からのトランシットの月の位置は、外側の[☽]のシンボルがあるところになります。

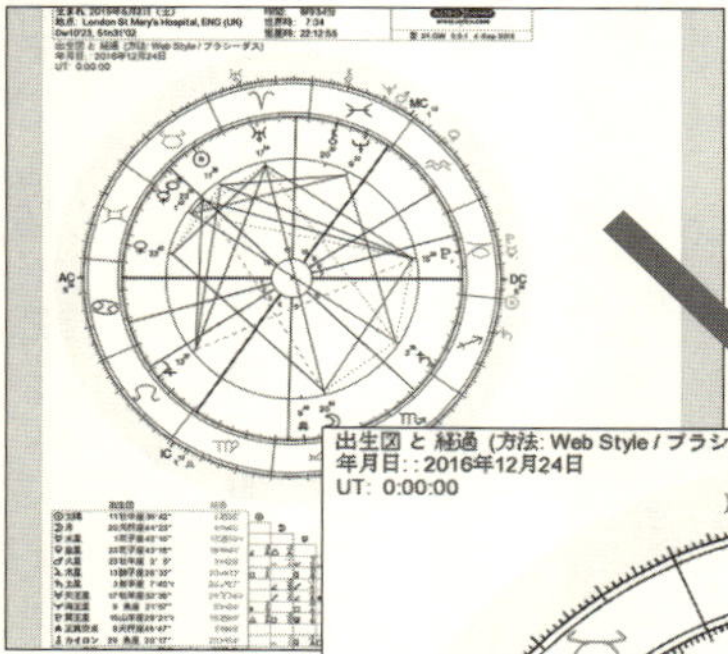

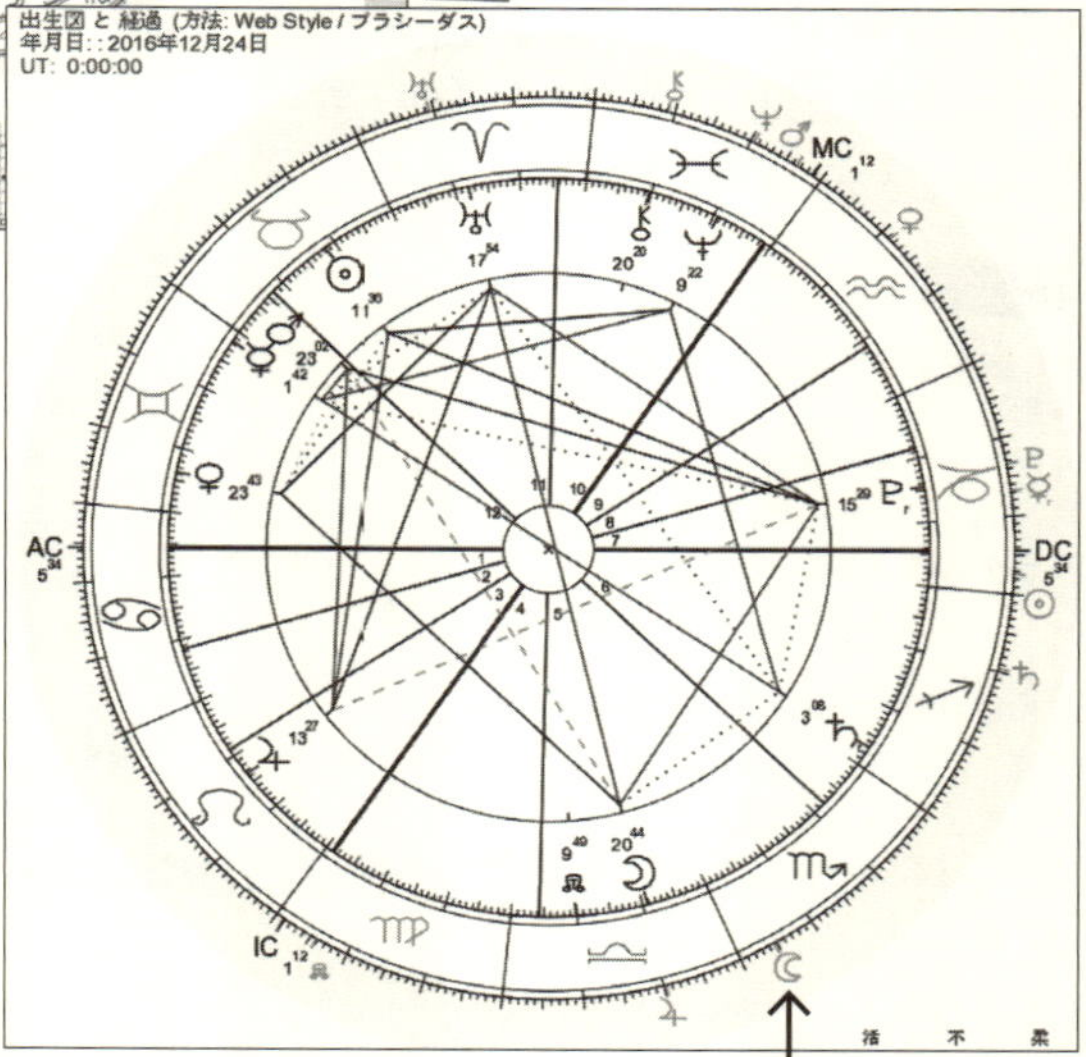

■この経過図の中での月は、ホロスコープの円の外側に描かれた月のシンボルのところにあります。ここでは、2016年12月24日にはトランシットの月は5ハウスの蠍座のサインのところを移動していることがわかります。

サインを表すシンボル

♈	牡羊座
♉	牡牛座
♊	双子座
♋	蟹座
♌	獅子座
♍	乙女座
♎	天秤座
♏	蠍座
♐	射手座
♑	山羊座
♒	水瓶座
♓	魚座

part2 進行の月を考える

進行法での月の位置を知るには

1日を1年とみなして計算する進行法での月の位置を、WWW・ASTRO・COMで知る方法を説明します。

STEP 1

ログイン後、[さまざまなチャート選択]へ

これまでと同様にログイン後、[無料ホロスコープ]のポップダウンメニューから[占いの図と計算]→[出生データによる、さまざまなチャート選択]を選びます。表示されたページで、「希望のチャートを選択してください」の選択肢から[出生図と進行]を選びます。次に、「表したいチャートの日付」の項目で知りたい年月日を入力後、[クリックしてチャートを表示]をクリックします。

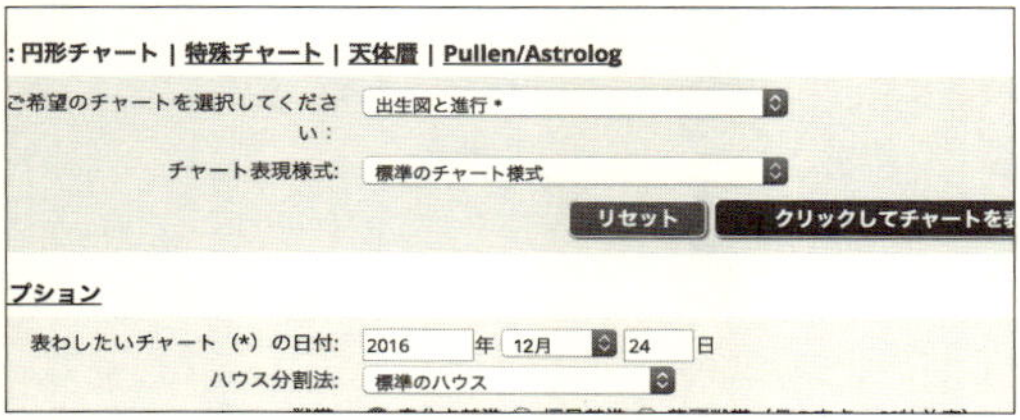

STEP 2

出生図と進行のホロスコープが表示されます

出生図に進行の天体を重ねたホロスコープが表示されます。内側が出生図の天体、外側が進行の天体です。

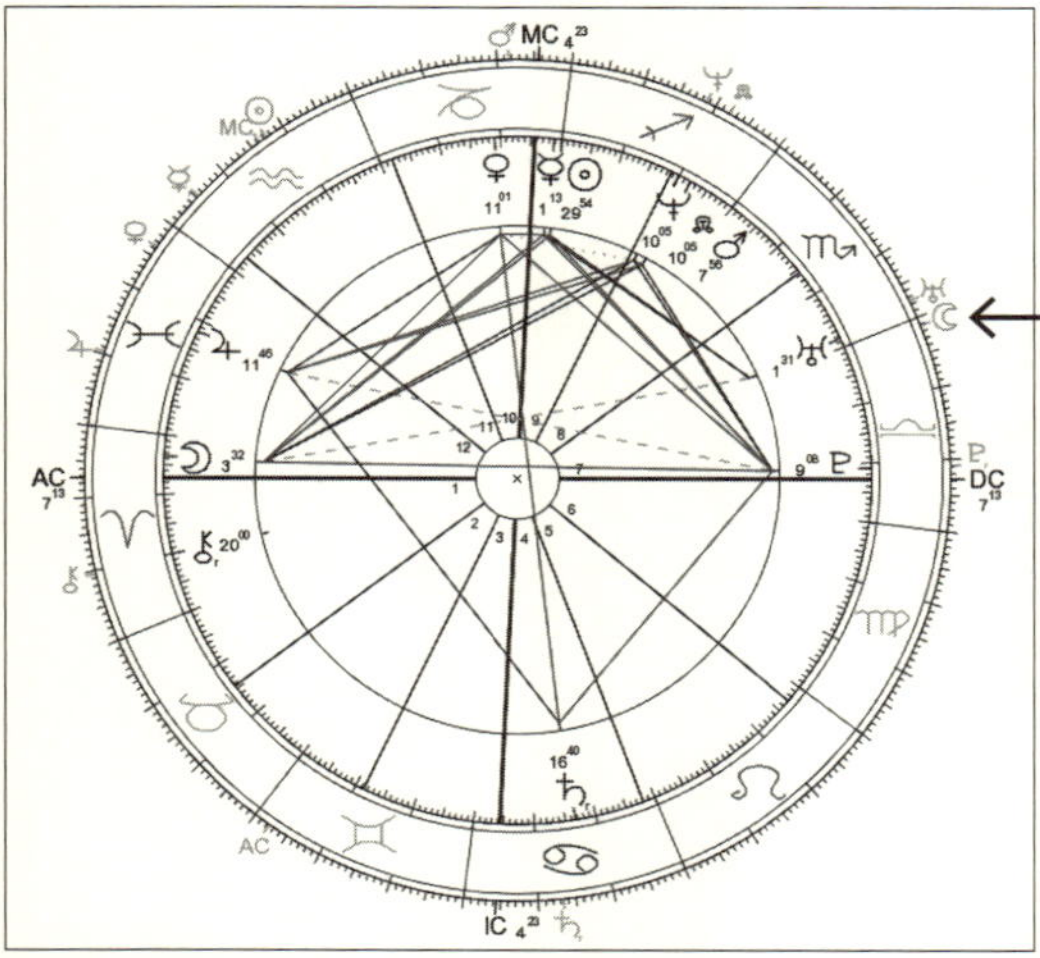

■進行の月の位置はホロスコープの円の外側に描かれた月のシンボルのところです。このホロスコープでは、ディセンダント（6ハウスと7ハウスの境界）を超えて7ハウスのあたりを上昇中です。

進行の新月から30年の達成サイクル

28日目のところで、進行の新月（進行の月と進行の太陽がホロスコープ上で重なること）から次の新月までの話をしましたが、それについて追加説明をします。

☽

占星術で使われる進行法で、もっともポピュラーなものは1日1年法です。これは1日経過すると、それは1年後を表すというものです。となると、この朔望月は29・5日ですから、29・5年のサイクルを示すことになります。何か目標を抱くと、その達成のサイクルはおおよそ30年で、その結果が新しい目標を生み出すということになります。

進行法の新月が、どこのサインで、どこのハウスで始まったかによって、その30年サイクルが何を実現したかったかが比較的容易に推理できます。形になるのは最初からの15年くらいで、その後の残りの15年はより精神的なことを求めていくという流れです。

チャプター3のパート1で解説している29日の流れは、太陰太陽暦の短期の流れとして読むよりも、この進行法の30年弱の毎年の流れとして考えたほうが読む意義があるのかもしれません。WWW・ASTRO・COMなどで自分のホロスコープを計算し、進行の新月がいつどこで始まったのかを見つけ出し、その年から現在までの年数を足して、いまの月の位置を知るとよいのではないでしょうか。

人生の寿命が80年くらいだとすると、2回から3回ほど、この新月からの流れがあるのです。前のサイクルでどのくらい達成したかを確認してみるといいでしょう。達成した段階では、もうそれは当たり前なので、感動や実感もあまりないことが多いのですが、しかし回想してみると、「これができたら素晴らしい」と新月のときに思っていたことを、あきらかに達成していたというケースが多いのです。

たとえば2ハウスで進行の新月ができた人が、サラリーマンでなく自分の特技で稼ぐことができたら、それはどんなにすごいことかと思っていたとします。でも、15年が過ぎてから以降、それを達成していても、それは当たり前の話であると思っているのです。まさかと思うようなことを達成している人は多くいます。

すでに書いたことですが、こういう場合、うまくいかなかった人は、この新月からの推進力が弱いのではなく、自分で反対の流れも同時に生み出していて、ふたつの力がぶつかったというケースが多いのです。「この仕事をしたい／そんなことできるわけない」。このふたつの種を同時に育てているのです。単純でストレートに考えたほうが成功率は高いと言えるのです。

30年かけてじっくり育てるもの。このように考えると、感慨深いと思います。

なおこの進行の新月ではスタートのサイン、ハウスが重要だと述べましたが、この1ヵ月程度で完了してしまう朔望月も、あなたのホロスコープのどこのサイン、どこのハウスで始まったのかを確認すれば、今回のテーマはどんなものか、よりはっきりわかります。進行の新月に比較すると、とても軽いものですが、それでも意図は明確に推理できるのではないでしょうか。

朔望月は、地球に住んでいる誰もが同じサイクルで体験しているのですが、しかしハウスの位置は個人でみな違うのですから、ここを考えてみると、面白いものがたくさん見つかるでしょう。

あとがき

Epilogue

今回の本では、月は眠りであるということから書いてみました。もし人間が意識的に生きようとするならば、月の部分は放置してはならないということです。

神秘思想家のG・I・グルジェフは、人間の意識あるいは宇宙的なすべてのものを、振動密度という点で分類し、それに番号をつけています。そして、どんな生き物も、三つの層でできていると言います。哺乳動物は、12―48―192。人間は6―24―96です。この3つの数字は、何に食べられているか、重心は何か、何を食べているかの3つの要素を表しています。

わたしたちは何かの食物を食べます。すると、この食物はわたしたちの身体の中に入り、つまりわたしたちに所属することになります。これが食べられているということ、つまり何に所属しているかということなのです。

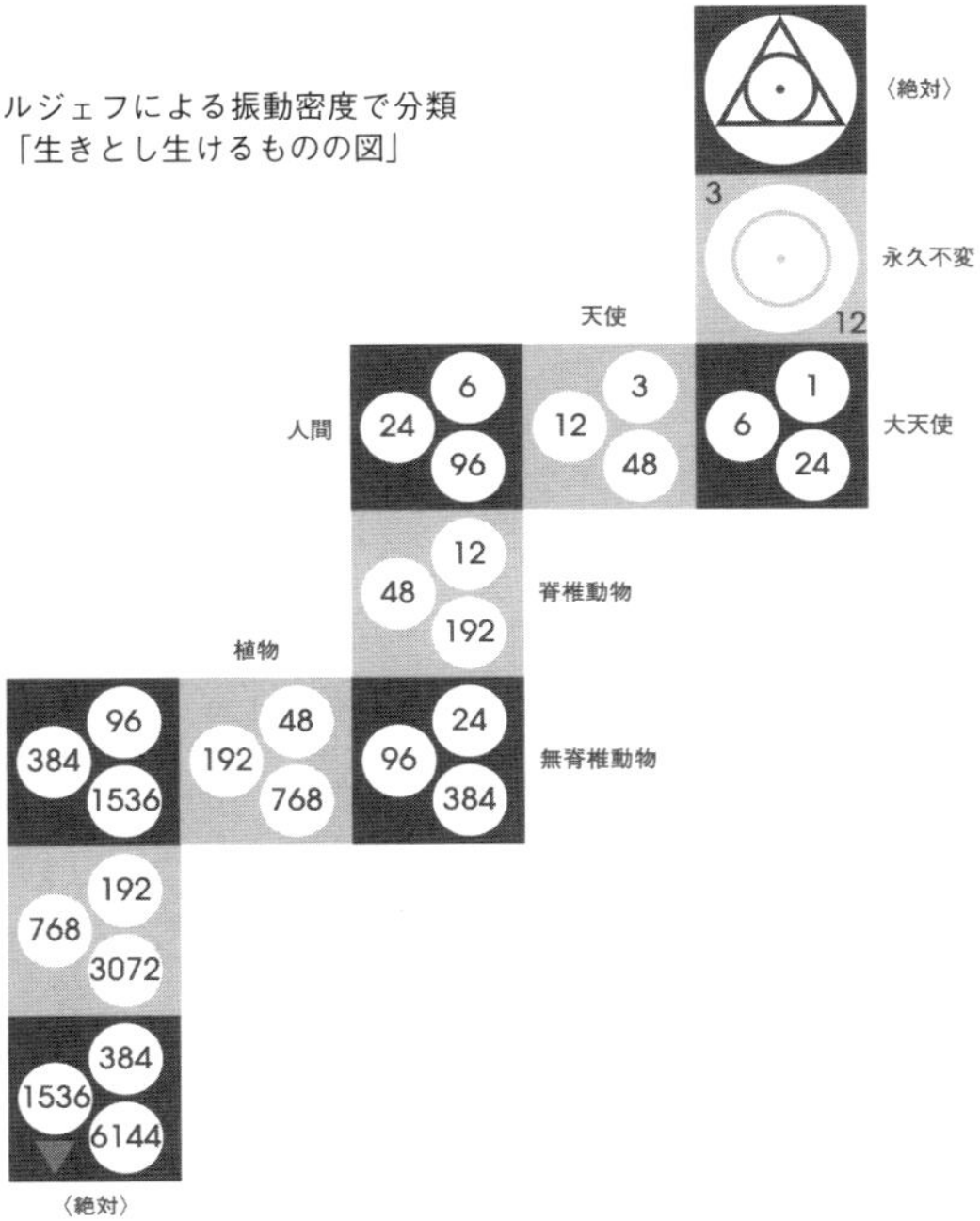

▼グルジェフによる振動密度で分類した「生きとし生けるものの図」

哺乳動物は法則12に所属しており、つまり食べられており、これは太陽系の太陽に該当します。所属しているというのは言い方を変えると、高自我の部分を表しています。この3つの層は、高自我、中自我、低自我という3層でもあるのです。哺乳動物が太陽に所属しているということは、太陽系の秩序に従い、この中で輪廻をしてゆき、そこから出ることはありません。また真ん中の法則48は、通常の地球人の思考を表します。それは比較的低速で、察することのしにくい知性です。何か疑問を抱くと、「それはどういう意味ですか?」と誰かに質問したりします。

何を食べているかという部分は法則192で、これは植物、動物の肉、炭水化物などを表していると思われます。192は主に植物の重心です。

これに比較して、人間と定義されているものは、法則6に食べられていますが、これは星雲界（銀河）の振動に該当します。わたしは最近、精神宇宙探索の講座をよ

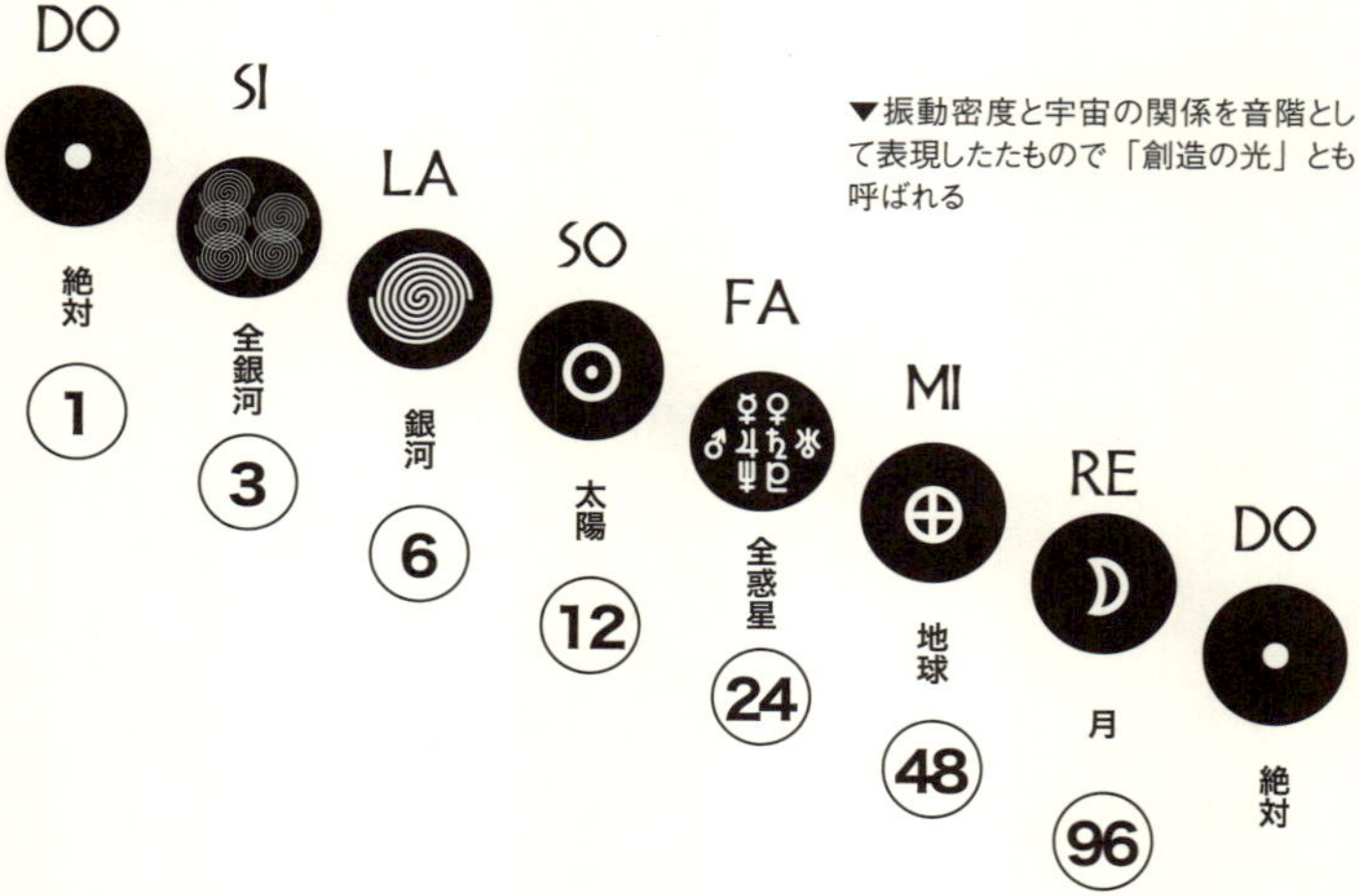

▼振動密度と宇宙の関係を音階として表現したたものです「創造の光」とも呼ばれる

くしますが、そこでは南十字、ケンタウルス、シリウス、プレアデス、オリオン、アンドロメダ、北斗七星、北極星、アルクトゥルスなどのツアーをします。これらが星雲界で、人間はどれかに所属、つまり食べられています。

中層重心は法則24ですが、これは言葉にこだわらず、その真意を理解する知性で、察することのできる冴えた頭脳を持ちます。また積極的で創造的です。食べているものは法則96で、これは無脊椎動物などを表します。イカとかタコとか、アワビとか牡蠣を食べています。

この人間は、星雲界に属しているので、太陽系の秩序には従いません。つまり太陽系の中で存在する輪廻の法則が通用せず、昔言われていたスターシードとか、またグノーシス思想での、世界の外にいるアントローポスという存在です。生まれてくると、だんだんと自分が星雲界に所属することを思い出します。でも、大多数の人は、人間というよりも哺乳動物です。

平塚らいてうは、元祖女性は太陽であったということを述べていましたが、ここでいう太陽神とはアマテラスのことを示し、これはプレアデスのことを意味します。この太陽系にはプレアデス人の血筋を持つものがもっとも多いと言われていますが、輪廻の法則はプレアデスが作り出していると考えてもいいでしょう。プレアデス、あるいはアマテラスは、地上に集団社会を作り、定住し、穀物栽培して、社会を作ります。穀物栽培によって貨幣経済も生まれてきたという点で、今日の経済社会もアマテラスの影響によって、ということになります。

グノーシス文献には、神のそばにいたアントローポスは世界造物主の業《わざ》を見たいと思い、そう思った瞬間に世界の中に捕まったと書かれています。そして抜け出す道を見失ったと。

太陽系の秩序に従い、この柵の中でおとなしく生きるのは、いわば神の子羊です。グルジェフはそれを人間とは認めていないようです。

さて、この哺乳動物から人間に向かうには、あるいはそれを思い出すには、法則96、すなわち月の扱い方を変えなくてはなりません。哺乳動物が食べているものは法則192のもので、つまりは月96は食料でなく、中層に近い、つまり本人の感情、心などに属するものと言えます。人間は法則96を食べているので、月の振動部分は対象化されており、目の前の食物のように見ています。

つまり哺乳動物は月を内的に同化させ、人間は外的に対象化するのです。月の感情とはとても粗雑なもので、恨み、妬み、怒り、叫びなどを表していますが、これらと内的に一体化すると、そのような感情を抱いても、それに同化するために本人は自覚しません。本人はまったく気がついていない場合もあるのです。誰彼となく排斥しているような人が、自分は博愛的であると信じている場合もあります。

人間の位置になると、この感情を目の前の物質のように見ていきます。つまり自分はそれではないのです。これが自己想起です。「わたしはここでいま怒っている」ということを自覚しています。「怒りはわたしではない」と思うのです。

このような時、気のエネルギィを見る練習をすると、怒りの暗い炎のようなものが視覚化されます。これは誰かが怒っている時に、その人のオーラを見ると、頭のまわりに電気のような、雷のようなものが放射状にびりびりっと発散されているのが見えます。でも哺乳動物は、それに同一化しているので、それを見ることはできません。

「わたしはいまこう思う。こう感じる」。思考も感情も、怨念もあらゆるものを意識的に見ていくと、その人は哺乳動物から人に近づきます。それは月を吐き出すからです。

神の子羊で生きる場合には、この月の意識化は必要ないとも言えます。そして12—48—192は、横のつながりを持つ法則なので、絆を大切にし、足を引っ張ったり引っ張られたりしながら集団生活をしていくのです。家族、社会などのつながりはどんなことよりも重大になります。真の人間は単独で自立的で、誰かに何かを期待しません。そもそも星雲界の人は、太陽系の中ではお客さんなのです。お客さんは地元の人に混じることが難しいのです。混じることを演じることはできるのですが。

まずは占星術の月を計算してみて、自分の月がどこで作動しているかを確認し、そこに無意識にならず、それを見ていくということから始めるといいでしょう。月を否定するのでなく、月を外化して、食料として見ていくという意味です。そうすると人生の失敗もどんどん減っていきます。

本書はある程度一般向けの本なのですが、こんな内容のことを書いてしまったので、「そのままでいいんだよ」というような本ではなくなってしまいました。そしていつものことですが、編集の太田穣さんには、かなりの負担をかけてしまいます。どうもありがとうございます。毎年本を出そうと決定していただいた編集長の西村俊滋さんにもお礼を申し上げます。

ジャカルタにて。

松村 潔

松村 潔（まつむらきよし）

1953年生まれ。西洋占星術、タロットカード、神秘哲学の研究における日本の第一人者。とくに西洋占星術においては古典的な解釈にとらわれず、生命の樹やグルジェフなどの宇宙思想をふまえた、壮大な体系を構築する。著書は『完全マスター西洋占星術Ⅰ』（説話社）、『火星占星術講座』『土星占星術講座』（技術評論社）など多数。

装丁　村上智一（Piton ink.）
表紙カバー・表紙イラスト　谷 小夏

月星座占星術講座
月で知るあなたの心と体の未来と夢の成就法

2016年11月25日　初　版　第1刷発行
著　者　松村　潔
発行者　片岡　巌
発行所　株式会社技術評論社
東京都新宿区市谷左内町21-13
電話　03-3513-6150　販売促進部
電話　03-3267-2270　書籍編集部
印刷／製本　株式会社加藤文明社

定価はカバーに印刷してあります。

ISBN978-4-7741-8430-2　C2476
Printed in Japan